乐高工作法

让交付变得高效

[英] 巴利·帕达 著
(Bali Padda)
周爽 译

Deliver
What You Promise

中信出版集团 | 北京

图书在版编目（CIP）数据

乐高工作法：让交付变得高效 /（英）巴利·帕达著；周爽译 . -- 北京：中信出版社，2023.6
书名原文：Deliver What You Promise
ISBN 978-7-5217-5612-8

Ⅰ.①乐… Ⅱ.①巴… ②周… Ⅲ.①企业管理 Ⅳ.① F272

中国国家版本馆 CIP 数据核字（2023）第 070700 号

Copyright © 2022 by Bali Padda
Published by arrangement with The Ross Yoon Agency, through The Grayhawk Agency Ltd.
Simplified Chinese translation copyright © 2023 by CITIC Press Corporation
ALL RIGHTS RESERVED
本书仅限中国大陆地区发行销售

乐高工作法——让交付变得高效
著者：　［英］巴利·帕达
译者：　周爽
出版发行：中信出版集团股份有限公司
（北京市朝阳区东三环北路 27 号嘉铭中心　邮编　100020）
承印者：　河北鹏润印刷有限公司

开本：880mm×1230mm 1/32　印张：8.5　　字数：155 千字
版次：2023 年 6 月第 1 版　　　印次：2023 年 6 月第 1 次印刷
京权图字：01-2023-1185　　　　书号：ISBN 978-7-5217-5612-8
定价：69.00 元

版权所有·侵权必究
如有印刷、装订问题，本公司负责调换。
服务热线：400-600-8099
投稿邮箱：author@citicpub.com

褒誉

卡洛斯·柯登（Carlos Cordon），瑞士洛桑国际管理发展学院战略与供应链管理教授

"这是一本关于如何掌握供应链、拯救乐高并使其大放异彩的神奇著作。这也是一个关于运营高管如何在管理团队中成为极其强大的贡献者，带领乐高从濒临破产走向全球成功的个人传奇。这可能是当前在供应链方面面临前所未有危机的一大批公司最需要立即阅读的著作。"

尼尔斯·杜达尔（Niels Duedahl），丹麦能源和电信公司诺里斯（Norlys）首席执行官

"我每天都会思考，如果是巴利，他会如何处理这种事？我的公司百分之百以巴利·帕达的风格经营。"

伊夫·莫里欧（Yves Morieux），波士顿咨询公司（BCG）董事总经理兼高级合伙人

"巴利·帕达的思考和写作，揭示了现代商业组织面临的一些最复杂的挑战。世界上有两种领导者：一种要求别人给自己提供清晰度，另一种却能给别人带来清晰度。前者消耗大量的管理资源，而后者可以为团队带来目标感。在当今这个充满不确定性、波动性和复杂性的世界，我们需要更多后者。巴利·帕达在这个罕见的领导者类别中脱颖而出。"

本书送给萨提、阿贾伊和阿夫尼特。

感谢你们容忍一个缺席的丈夫和父亲。
没有你们的支持、理解和鼓励,我不可能开启这段旅程。
衷心感谢。

目 录

推荐序一　至简成长，实践中的变革经验 / VII

推荐序二　乐高如何做高效运营体系 / XI

前　　言　聚焦与透明 / 001

第 1 章　理解用户动机 / 009

一个企业之所以存在是为了满足人类的需求，因此企业的方向和企业中每个人的运用，都必须以此作为基础——理解客户，满足他们的需求，在谈判中公平和自信——其他永不失效的商业核心原则也由此而来。

第 2 章　创新应是持续的改进 / 029

创新和服务交付不是对立的，而是应该被视为密切的关联体。类似地，我一直认为所谓的把业务分成"硬"业务（例如流程、财务和系统）与情绪和关系的"软"业务这样的看法，既无稽又有害无益。

第 3 章　企业是有生命的有机体 / 053

公司就像一个有机体。这是一个比结构化的工程设计图更准确的比喻，但它必须被小心使用。这并不意味着培养有机体的方法是单一的。你会从案例研究中看到，员工发挥潜力和责任心与为他们提供支持和心理安全至少同等重要。这意味着部门之间需要合作，但这种合作必须基于相互尊重，这需要各个部门都能有魄力。

第 4 章　学习的长期利益 / 079

每个人都应该对自己的教育负责，并发现这种对于教育的投资是有益的。每个人都应当在自信和谦卑之间找到适当的平衡，提出正确的问题，在应对挫折或悲剧发生时表现出韧性，并在经历成功的时候保持脚踏实地。每个人的经历都不一样，每个人都会有自己不同的内在优势，了解自己的优势和弱点永远是有用的。个人韧性不像会计或工程知识，它不能被教授，是一种需要作为生活经验的一部分而培养的品质。然而，这并不是说你不能变得越来越好。

第 5 章　战略是逐渐形成共识、持续试错、调整、迭代的过程 / 097

关于战略制定存在两个流行的误解：它要么是由管理层秘密开发、由最高决策者推出的严格的成功公式；要么是一种无计划的状态，担任管理角色的每个人都可以自由追求自己的战略。对这两个误解的迷信阻止了企业采用更成熟的战略方法。

第 6 章　确保业务部门的合作协同 / 125

尊重每一个职能的贡献的重要性,这一点与本书第 3 章的主题密切相关——将企业理解为一个复杂的、相互连接和变化的有机体。这并不意味着放弃核心竞争力的概念。拿一个真实的有机体来类比,心脏和肺比其他大多数器官重要,但你仍然需要整个身体以最佳方式运行。

第 7 章　"视觉工厂"会议模式 / 141

视觉工厂方法围绕每周绩效简报展开,但它构成了一种着眼于有效执行的开展业务的方式,而不仅仅是一种会议模式。保持纪律以确保其有效性需要不断的努力。组织的三大管理诅咒——浪费、滔滔不绝和自我陶醉——似乎总会随着时间的推移悄悄侵入有机体,即使在拥有受过高等教育的高管、运转良好的企业,也不例外。在乐高,我有时会旁听视觉工厂周会,看到有人把打印出的数据贴在墙壁上,这些数据繁多而冗杂,没有人有时间认真阅读。我会直接绕过房间把它们拿下来。

第 8 章　降低复杂性 / 159

保持简单——在任何可能的地方保持简单,这绝对是兑现承诺的核心。如果你不知道,就说你不知道。如果你有什么不明白,就提出问题以填补知识空白。如果你得到的答案不可用或不足以解决疑惑,不要猜。如果不得不在信息不足的情况下推进工作,至少要意识到这些信息不足。无论是产品范围的扩大还是运营或组织结构的变化,如果它们的复杂性增加,必须通过明显的额外商业机会和收入来证明其合理性。

第 9 章　领导力无处不在 / 173

领导力通常被等同于战略，而本书描述了更细微和复杂的现实：每个职能部门都不应该有自己的战略，而是必须支持公司的目标和整体战略。但每个部门负责人确实需要展示领导力：激励团队的能力，代表团队谈判的能力，表现出自信和协作能力的协调。

第 10 章　自动化不是万能的 / 189

数字革命是真实的，它正在进行。与所有技术突破一样，它拥有很大的潜力。在社会和政治领域，人们担心数字公司对个人数据的处理，以及社交媒体上极端群体的"信息茧房效应"。与此相反，数字革命也带来多种新的方式，能将人们以有益于社会的方式团结在一起。在商业方面也一样，数字系统可以极大地增强人的能力，但前提是"人的系统"运转良好。新技术就像是汽车，而你就是司机。

第 11 章　目标感提升业绩 / 199

团队的目标一致对于兑现承诺至关重要。这听起来好像没什么，但在实践中可能很难，因为专业观点、个性、部门短期利益的不同，会导致各种错配——或者由于不同词汇使用习惯和文化冲突，产生表面的错配。只有通过深刻而坦诚的谈话，才有可能解决那些最困难的异议。妥协或适应可能是必不可少的。反过来，选拔、招聘和组建团队的时候需要确保团队成员是那些致力于帮助企业兑现承诺的。

第 12 章　把管理问题分为"硬"和"软"是错误的 / 211

如果你真将"硬"业务和"软"业务隔离，并据此定义管理任务的类别，那么可能导致团队建设缺乏目标和焦点。

第 13 章　至简成长 / 223

在利润率和增长强劲的时期，首席执行官这一角色会面临一些令人惊讶的挑战。对你认为不明智或不必要的项目说"不"越来越难，因为你不能再用"我们负担不起"之类的借口。对某人说"不"也常常让人觉得不舒服，尤其是当这意味着打击他们的热情时。然而，只有这样做才能创造机会，也为领导团队认为的更有价值的重要项目释放资源。这样的判断永远不会是一门精确的科学，但商业领袖必须做出这些决定，而有些决定注定比其他的更有影响力。

致谢 / 245

注释 / 247

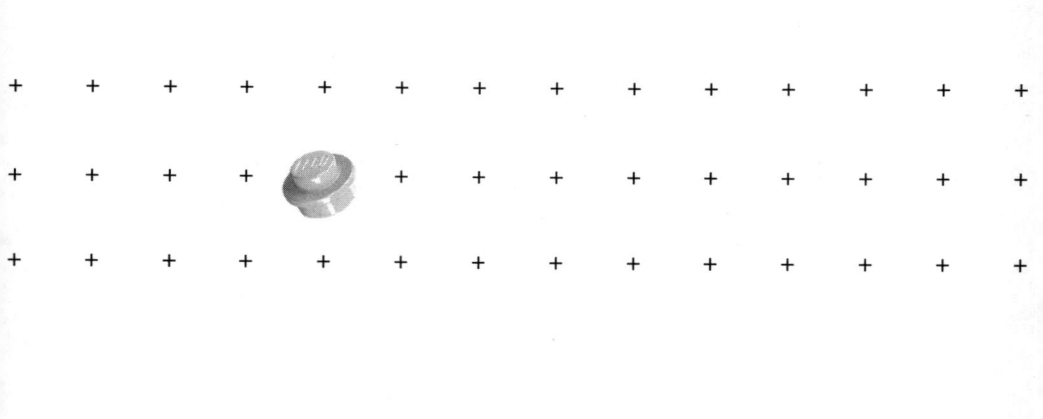

推荐序一 RECOMMENDATION ONE

至简成长，实践中的变革经验

华友汇管理咨询创始人，《华为销售法》作者 李江

非常荣幸受邀为本书撰写推荐序。乐高是一家伟大的企业，也是我儿子喜欢的玩具品牌之一，它从 1932 年创立到 20 世纪 80 年代逐步成为积木玩具领域的"头号玩家"；到 80 年代末和 90 年代，却陷入了长达十几年的亏损，粉丝们直言不讳："乐高迷失了。"面对前所未有的危机，2004 年开始，在本书作者巴利与新任 CEO 袁威等人的共同努力下，乐高通过"回归核心"，解决了财务危机，迎来了新的高速增长。

作为乐高公司变革的亲历者，作者坚持回归经营管理的本质，他提出"至简成长"，并一以贯之地付诸行动。在他的倡导下，供应链管理在乐高降本增效的变革中发挥了关键作用，

"视觉工厂"这一管理工具也在乐高推行使用,广受欢迎。可以说巴利身上的真诚务实、敏捷简单、不畏权威这些优秀品质引领了乐高的变革,就像书中他对自己的评价:"说'不'的能力、强调透明度、简化管理结构、避免浪费是我的强项。"而这些闪光特质,也是笔者在过去的管理与咨询经验中经常关注的,这就是优秀的企业家与优秀的管理者身上经常闪现的"大道至简"的态度与方法。

70多岁的乐高怎样在几年里完成转身?书中巴利将乐高变革经验总结为十几条原则,每条原则都源于实践,既有企业管理的真知灼见,也有作者对自身成长经历的洞察总结。这些原则不是干瘪的说教,而是用生动的语言带领我们回到当时的场景——遇到了什么困难,采取了怎样的措施,不同角色间的博弈是怎样进行的,最终结果又是如何,让读者仿佛亲身经历了当时的冲突与决策,引发读者更深层次的思考。

有趣的是,笔者过往的经验是巴利的"相对"视角,也就是营销的视角,然而巴利的很多观点与笔者不谋而合,让人印象深刻,值得细读,例如以下几点。

面对长达十几年的亏损,巴利和管理层并没有一味向外部环境要答案,也没有陷入自我谴责的怪圈,而是用一种公平、自信的态度,回归基本的商业原则,从客户需求出发,与客户合作共赢，最终的结果是通过"少即是多"的产品策略，做好过程管理，重塑从市场到供应链的运营管理体系，不仅解决了财务危机，还实现了业绩的高速增长。

当方向确定时，执行便是决定成败的关键，巴利强调"兑现承诺"——战略与执行共生相伴，创新与执行相辅相成。当我们讨论新机会的时候，一定要脚踏实地。不论市场环境是寒冬还是春天，不论产品是否涉足新领域，组织能力才是我们活下去的法宝。

还有巴利一再强调的，企业是有生命的有机体，如果有良好的管理，组织就会充满活力。乐高进行的是一种从整体出发的改革，部门之间及其与供应商之间精诚合作，达到整体大于部分之和的效果，最终得以使它焕发生机。

最后，当笔者读到"视觉工厂"这一工具的时候，眼前一亮，这与华为销售管理中，强调责任导向、过程管理以及前后端拉通有异曲同工之妙。管理是在效率上做加法，在沟通上做减法，只有减少复杂性，提高透明度，才能支撑变革落实到细节处。

任正非说："华为没有秘密，只有常识和成长。"乐高的改变也没有秘密，是因为做到了"至简成长"。所谓至简成长，既包括人的成长，也包括企业的成长，书中主要描述了21世纪初期巴利与乐高的新一届管理层所做的努力，以及这些努力带来的企业的改变和管理层的改变，事实上这对中国的企业来说是十分值得学习的，这个阶段乐高所面临的问题，是很多中国企业正在遇到或将会遇到的难题：财务压力过大、过多的产品线、科技发展带来的新产品冲击、组织的低效运作、管理者急需自我迭代……乐高面对这些问题，交出了一份满意的答卷。因此，十分感谢巴利提炼、总结了这些宝贵的经验，给我们提供了学习的稀缺样本。

因此，我将这本书推荐给所有的企业管理者阅读，特别是关注企业变革、文化塑造、供应链管理与企业整体运营的管理者。大道至简，希望我们在面对纷杂的市场时保持思考与洞察，走向成功。

推荐序二 RECOMMENDATION TWO

乐高如何做高效运营体系
知名新媒体人　半佛仙人

过去几年间我曾写过不少关于玩具类品牌分析的文章，也接触过不少玩具文创类公司，参观过很多玩具工厂，早年做尽调的时候，也调查过大量的代工厂。同时，我本人也是乐高迷，但我很少主动写关于"乐高"这家公司的内容。因为乐高太成功了。

一家过于成功的，成为当代流行文化的一部分的公司，其实很难写。因为它们的每个决策，都好像是成功的一部分，难以归因。这时候，反向思考是一个很有效的方式。不思考乐高是怎么成的，而是思考别人是怎么不成的，乐高又是怎么克服这些问题的，或许这才更接近现实。

跟全球大多数玩具公司以及消费公司比,乐高的关键变量大多来自内部运营策略的改变及其标杆级的供应链体系的打造。但这种内容属于行业内功,对外部读者而言过于乏味。这便导致虽然做的是玩具,但在写作素材的角度,乐高并不是一个具有足够"娱乐性"的主题。但反过来讲,如果你将视角从普通消费者,切换至创业者、管理者,从"娱乐"切换至"商业",你就会发现乐高这家公司的运营策略非常值得被拆解学习,特别是其业内闻名的供应链体系。许多消费者都认为乐高强是强在产品质量。

是,但不只如此。

在工业日渐发达的今日,要制造出跟乐高一般精度和质量的积木在技术上并非难事。手机那么多零部件、那么精密都能造,没道理一个玩具造不了。但在一个谁都能造的领域,乐高依然稳居前列,这更强。

乐高强是强在稳定的生产体系、物流体系和经销商体系。如果没有这一整套稳定的体系,即使你制作出跟乐高相同质量的积木,成本或许会比乐高的售价还高。

如何打造一套稳定而高效的体系,是每一个管理者都需要思考的问题,而这也是这本书的意义所在。

本书作者巴利·帕达,在国内知名度不高,但他是乐高这套供应链体系的缔造者之一。自2003年参与乐高公司运营开始,巴利·帕达先后削减了各种不受欢迎的产品系列,强化了乐高公司对于客户服务的关注,一手打造了被称为"视觉工厂"的绩效简报体系,将濒临破产的乐高公司拉回正轨。2016年,巴利·帕达正式成为乐高公司历史上首位非丹麦裔的首席执行官。到2017年他正式离任之时,乐高已经成了全球最大的玩具制造商。而这一切,都得益于他一手打造的这个体系。

"打造体系"看起来是轻飘飘的一句话,甚至已经成了互联网黑话被人笑话,但这背后却是常人难以想象的艰难。现代供应链体系几乎包含了一家实体公司的全部业务模块,从生产到物流,从仓储到销售。但现实中,公司并非铁板一块。供应商有自己的想法,经销商有自己的想法,甚至员工也有自己的想法,各个模块之间的利益并不一致。

举个例子,零售商既是企业的客户,也是供应链的下游,但他们的诉求与企业却不同。零售追求短期销售、清库存回本,而企业则在追求短期盈利的同时更看重品牌建设等长期目标。由此,双方容易产生矛盾,互相拉扯。比如,有的零售商在淡季或者销售不力的情况下通过大幅打折来清理库存,但这也变相地导致了品牌力的下降。如何将企业和零售商塑造成一个目标一致、行动高效的整体,是现实中的每一个管理者皆需面对的问题，也是乐高曾经面临的问题。

在这本书中，你能够通过巴利·帕达这个一线管理者的视角，看到如今强大的乐高，是如何泥足深陷，又是如何一步一步从坑里爬出来的。你会发现，即便强大如乐高也避免不了各种人员冗余、烦琐流程和利益矛盾。正如现实中的每一家公司，所有公司遇到的问题，乐高都遇到过。你也能看到乐高是如何通过流程的改进和自我纠错，从濒死状态变为现在这个玩具界的领军者的。

魔鬼总是隐藏于细节之中，而对一家公司细节的了解，没有什么比掌舵人的第一视角更细了。世界上成功企业的管理各有诀窍，但失败的原因总是雷同。如果你想要学习乐高的成功，建议从学习如何避开乐高的失败开始，从学习《乐高工作法》开始。这本书不能帮你成功，但只要能帮你绕过任何一个小坑，便是千倍万倍的价值。

前言 PREFACE

聚焦与透明

2005年初秋,乐高濒临崩溃。如果这次圣诞节销售季的业绩再没有起色,乐高,这家数百万人钟爱的玩具公司,可能就真的永远成为历史了。自1932年以来,克里斯蒂安森家族一直是乐高公司的所有者,在2004年公司出现历史性亏损之后,他们为公司提供了12个月的基本现金流支持。员工之间开始用"着火的平台"来暗喻公司的现状——已经火烧眉毛了,大家都在为公司的生存而战。在大多数产品品类里,市场对玩具的需求有显著上升,这是好消息,也是挑战:这是这家企业最后的机会。如果这一季度不能反转市场,乐高面临的打击将是毁灭性的,而且这次毁灭不仅会终结公司的生命,也会打碎会议室里每个人的饭碗。

以下这段对话发生在一次被称为"视觉工厂"的周会上，这是本书作者在 2003 年担任公司高级供应链主管的时候发起的。这个会议要求公司所有关键部门负责人——供应链、制造、销售、市场营销、财务——在每周五的清晨，聚集在一个房间里站上半个小时（根本不给椅子）。每周一次，准时、专注——迟到者将会被关在门外。"我们在墙上的白纸上清楚地写下关键数据，只讨论交付结果所必需的关键信息——我们称之为'关键的少数'。能代表整个价值链各个环节的关键数据都被呈现：我们相信，有经验的管理者可以通过阅读纸上的数字迅速了解公司的运营状况。我们所做的是将数据和负责这些数据的关键人员聚集在一起：原材料供应、机器开模、制造和分销、设计、营销、销售、财务和客服。这个会议不分等级，不鼓励部门竞争，大学刚毕业的新人可能正巧站在首席执行官旁边。在每次会议上，负责人必须说明，他所负责的目标是否已经达成，他的承诺是否已经兑现。会议只讨论意外情况，如果每个人都达成了目标，那就根本不需要冗余的讨论。你也无法躲在屏幕后面——事实上，会议室里根本没有屏幕。"

在这个特别的早晨，公司的情况刚有了一点点起色，但同样地，有同等分量的不稳定因素。管理者需要引导气氛，更需要精准地研判供求关系。在这个关系到所有人生计的房间里，做到完全冷静理性是不可能的。你必须驾驭房间里涌动的情绪，给它套上理性的缰绳——保持冷静，实事求是，解决核心问题。

讨论开始前五分钟——早上 7:25——大家忙碌起来，几个人手持红绿记号笔开始在白纸上更新最新指标。其他人陆续进入房间，开始观看白纸上的数据。

每个人都站在那里。到了 7:30，房间里有各部门的 20 来个人。会议主持人看了看墙上的钟，关上了门。会议室的四面墙壁上都贴着白纸。

讨论遵循一个固定的流程，从客户问题开始：他们需要什么，什么时候需要？

从快速发展的全球消费品公司挖来的一位新经理正在参加她的第一次视觉工厂会议，她沉默不语，认真观察，倾听，环顾四周——她觉得这一切太有意思了。

在视觉工厂中，每周都会在需要的时候更新数据。所选择的指标基于对客户业务和供应商真正重要的事情，每年确定两次。指标是手写的——不允许打印，员工也没有之前的会议纪要。行动计划手写在其中一面墙上的白纸上。每次会议由前次会议的相应行动开始。如果完成，它们将被删除；如果没有完成，就在它的截止日期前画一个红色星号，下周会议继续跟进。

在视觉工厂中，没有例行的部门更新，大家只讨论高优先级的任务。比如，在本书所记载的这次会议中，他们确定了一个销售行动计划：销售要跟一个零售客户跟进"黑色星期五"的促销计划。为了保证供给能够满足预计的销量，供应方应该在会议前要求零售客户做最终确认。供应链负责人问："客户确认了吗？"

"我们正在等待消息，随时有可能收到。其实截止日期已经过了，但是……"

"他确认了吗？"

"嗯，目前不太能用'是'或者'不是'来回答这个问题……"

"其实是有明确答案的，截止日期已经过去了。"

"既然如此，那目前的答案是没有确认，但是……"

"好的，那么乐高不参加'黑色星期五'促销活动。"

房间里一片寂静。好几个人似乎想发表评论，但是没有人想成为第一个。

最终，有人说："那我们……取消？"

"是的。"供应链负责人很肯定，语气坚定。

又是一阵寂静，气氛比上一次更紧张。新经理仍然保持沉默，好奇的表情似乎在她的脸上愈加明显。

这是一个重大决定。这个客户是公司三大零售客户之一，在北美的每个城市和许多城镇都有分支机构。不参加这次促销会有严重的后果，很严重的后果。

在视觉工厂会议上，客户服务始终是第一要务：兑现承诺。客户订单的满足率是一个用红笔标注的最重要数据，但它是一个双向指标：客户必须在充分通知的情况下确认他们的订单。这引发了进一步的激烈讨论。一个销售人员说："我们需要更加灵活的供给能力。供应链应该能满足客户弹性的需求。"

"过去几年我们一直在尽全力满足客户需求，"供应链负责人反驳，"而这就是我们亏损的原因。对客户需求的预测太不准确了。当我们不能交付客户需要的产量的时候，我们需要了解真正的原因是什么。"

"灵活的供应链是第一要务。"

"不，第一要务是可靠。我们一定要交付我们承诺的数量。可靠性第一，灵活性第二。如果我们需要增加新模型，我需要提前知道，我要保证交付的质量。灵活性是供需双方精准匹配之后产生的副产品。"

一个副总裁和一个供应计划员就之前没有准确匹配的订单进行了进一步讨论，很快发现，制造零件的短缺限制了供应方按照标准交付订单。大家商定了新的解决问题的时间，并同意以此为框架展开行动计划。讨论进入另一个客户问题：需求计划和供给计划。结果发现，需求是预测的三倍。而这个问题预计至少需要 4 个星期才能缓解。销售团队需要将这个消息迅速传达给客户。行动计划同样被写在白纸上。

一种明显的不适感在房间里弥漫开来——有人不得不把坏消息传达给客户，但这就是现实，必须有人完成这件事，并在下周的会议上跟进汇报。

新经理在犹豫要不要说话。她从未见过供应链负责人在零售制造公司里有如此大的话语权。这对她而言是一个非常不同的讨论方式、非常不同的领导方式，以及非常不同的运营方式——其聚焦和透明的程度令人吃惊……

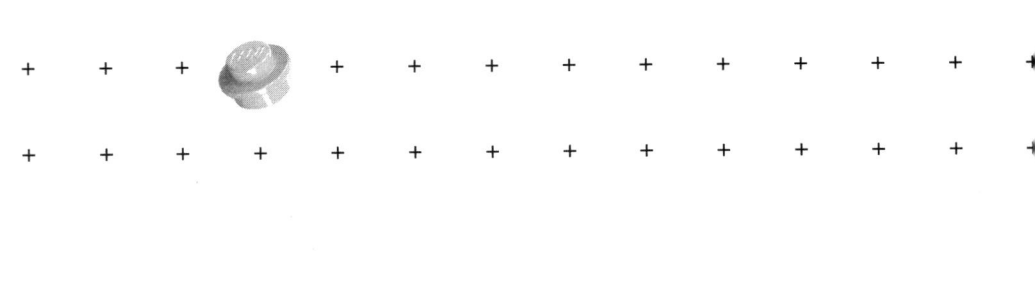

客户是

交易型的

第 1 章 CHAPTER ONE
理解用户动机

如何保证孩子在圣诞节打开他们心心念念的乐高玩具时，会情不自禁地发出惊喜的尖叫？要交付这种程度的用户价值，需要一个如管弦乐队般协调配合的专家网络。这些专家毕生致力于打磨他们的专业技艺：从采购聚合物原料到制造零件模具，到编写精确的说明书，到严谨的质保流程，到正确的包装，一直到确保为零售商们及时和准确地供货。这个专家网络以非凡的匠心和勤奋确保了圣诞礼盒中的乐高玩具符合预期，没有丝毫缺漏或颜色错误。

本书描述了确保这种程度的执行力所需的原则：合作、责任、透明度和执行纪律，同时将业务理解为一个复杂的有机体。这些是我在管理生涯早期学到的宝贵认知。21世纪初，我有机会作为一个高管团队的一员实践这种认知——将乐高公司从濒临破产的境地中拯救出来，当时它存在缺少零件、交付不合格的问题。我们见证了公司的复苏，它也成为世界上最受喜爱和最赚钱的玩具公司。在一些市场调研中，乐高也被称为全球最受喜爱的品牌。

现在的媒体经常说，我们正在经历一个商业环境激烈变化的时期。21世纪前几十年，人工智能和数字化、基于平台的商业模式的迅速兴起掀起了一波波浪潮，逼着企业必须变得敏捷和由数据驱动，否则无法生存和发展。这就是第四次工业革命。这种观点既然被广泛接受，说明它不无道理，但同时，这样的说法也可能具有欺骗性。它有道理在于，技术和市场变化确实造成了无情的动荡和新陈代谢。而它的欺骗性在于，首先，经济生活从来都不是有序和可预测的。我从事企业管理工作40年，在前20年，政治、技术和经济秩序也都发生了重大变化，以至于动态变化极其难以预测。其次，虽然企业确实必须具备敏捷能力，但它们的首要任务仍然且永远是交付。在我写作本书的时候，很可能有很多高科技、数字化、敏捷的企业正在破产，而且在许多或大多数情况下，它们破产是因为企业家没有尊重企业经营的永恒原则。

本书所描述的方法以高效执行为中心原则，就如前言中，在来自快消品行业的高管的惊讶目光中所发生的一样：专注、透明、问责、协作；尽量减少浪费、闲聊和自负的影响；以及我在颇为独特的职业生涯中学到的一些更初级的东西——公平、自信的重要性和谈判的艺术。

> 专注、透明
> 问责、协作

与许多移民一样，我的第一次职业经历是青少年时期在家庭商店打工。肯特郡通常被称为"英格兰的花园"，但公平地说，在20世纪六七十年代，格雷夫森德①并不是这个花园中最漂亮的角落。它坐落于伦敦以东20英里②处，靠近泰晤士河的河口。河边的火车站已经关闭，大楼和其他沿江建筑都被废弃了。那以后的几年间，河滨地区仿佛在不经意间完成了产业升级，酒吧和餐馆鳞次栉比，但当时有些地方还略显千篇一律。邻近的诺斯弗利特镇有了码头、水泥厂、采石场和电缆厂，与英格兰的其他地方一样进行了工业化改造。一英里宽的河口成了世界上最繁忙的航道之一，商船和偶尔的客轮日夜不息地在伦敦港和蒂尔伯里港进

---

① 英国港口之一。——编者注
② 1英里约1.61千米。——编者注

进出出。

我们家在河边的大街上有一家商店，有时会有在从蒂尔伯里到格雷夫森德的渡轮上工作的水手来找我问路。指路的时候我们总是将酒吧的名字当作地标——几乎每个角落都有一个酒吧——"就在森林之臂酒吧右转"，"在阿尔伯特亲王酒吧左转"，等等。

在我 12 岁的时候，我家从印度西南部的热带国际大都市——马哈拉施特拉邦的孟买（Mumbai，前称 Bombay）搬到了英国。我经常想家，想念我在印度的快乐日子——放风筝，当然也会玩街头板球，以及在 4 月和 5 月吃新鲜的芒果。我最想念的是芒果季和季风的开始。而在英格兰，让我觉得最艰难的是种族主义的严酷现实，但并不是每个人都经历过。当地人对亚洲移民的反应从友善和好客到最骇人听闻的虐待都有，形形色色，不能一概而论。这就导致一个亚洲移民的种族主义体验有点不可预测。有一次，我站在市中心的街角，一个骑自行车的人朝我吐口水。我立刻感到不可遏制的愤怒，泪水奔涌而出：作为一个 12 岁的孩子，我完全无法理解为什么自己要遭受此种待遇。这与孟买郊区的多元化和接纳氛围形成了鲜明对比。我原以为英格兰也会同样兼容并蓄，但我很快就知道事实并非如此！

我们就住在家庭商店的楼上，这是一家印度特色杂货店，位于格雷夫森德的"高街"，主要服务当地的亚洲社区。格雷夫森德的"高街"其实是一条相当狭窄的街道，商户主要是小商店和咖啡馆，它沿着山坡向河边延伸，与更宽的"新街"直角相交，那里有百货公司和其他较大的商店。从我很小的时候起，我的家人就认为我应该在空闲时间去商店里打杂，而且我也毫不介意——事实证明，这为我后来的一些关键的商业思路打下了良好的底子。我学到如何管理库存，现金流的重要性；我还学会了如何把握服务业的职业道德与自信。我认识到，"顾客是上帝"这句话是需要解释的。顾客是交易型的，你和顾客的利益有重叠，但它们并不相同。你提供了良好的服务，你取悦了顾客，但你也要保持足够的利润来维护自己的利益，这样你才能过上好日子。你不一定要满足消费者的每一个需求，但是如果一个忠诚的顾客建议你为大宗购买打折，你就要想办法满足他。这是一种基于协商和相互尊重而非过度屈从的关系：顾客是上帝，但不是独裁者。

> 你提供了良好的服务，你取悦了顾客，但你也要保持足够的利润来维护自己的利益，这样你才能过上好日子。

多年后，理解这个道理对我在乐高的工作大有裨益。在制造业中，你与之打交道的直接客户是零售商。零售商可能希望以低价订购销量更多的、最受欢迎的产品，而这反过来会影响供应商。一切都需要谈判。

同时，自信绝不意味着有侵略性或剥削他人。这一原则在我的儿童时期、我的家庭价值观和印度电影的道德寓言中根深蒂固。我的家人非常有企业家精神，除了经营这家商店，我们还会聘请当地的 ABC 电影院和伦敦东南部艾瑞斯的一家电影院过来放映宝莱坞电影，向当地的亚洲社区出售门票。如今，你在英国可以通过卫星电视观看数十个印度频道，但 20 世纪 70 年代还没有这些。许多电影的主题是因果报应：特别是，天网恢恢，疏而不漏，如果你欺骗了别人，最终你会承受痛苦。我看这些电影的次数比大多数人都多，而我们在经营家庭商店时也遵循了这个原则：永远公平，例如准时向供应商付款，并在交易中诚实守信。

这两个早期的经验——公平和自信的同等重要性，听起来好像是常识，但越到职业生涯的后期我越发现，经验丰富的管理者在面临压力、受到提升形象或自我的机会的诱惑、陷入情绪激动的政治角力或复杂的人际关系时，可能很难做到。它们是无价的原则，永远不会过时，也需要不断地训练。

在乐高实施过往所学

21 世纪初,当我在乐高北美分部担任高级供应链管理者时,这些经验在很大程度上仍然与我的工作高度相关。我遇到了一个混乱的供应链。事实上,当时混乱的是整个企业,我将在后面的章节讨论那时候乐高的一些战略失误,以及我们是如何做出纠正的。我们在运营中亟须全部精力来关注的是供需不匹配的问题。在某些时点,我们在配送中心之间运输的库存比从各配送中心转移到商店的要多。我们正在热销或可能热销的玩具供应不足,而不受欢迎的玩具供应过剩。这就像在一家杂货店,一袋袋大米已经过了保质期,没人想要的食物一包包地堆着,而顾客想要的小扁豆却没有了。从中,我可以看出几个相互关联的痛点:

— 对消费者偏好的研究不足;
— 盲目相信明显未经检验的假设,例如:"玩具行业在 1—7 月不赚钱","城市和家庭主题的套装在北美卖得不好";
— 来自零售商的压力,比如圣诞节前备货过多,导致 1 月大幅打折,浪费和破坏了品牌力;
— 谈判技巧薄弱,使得玩具行业的周期性带来的负面影响没有被很好地管理，反而被加剧了。

这些痛点是高度相关的；缺乏对消费市场需求和偏好的详细了解，削弱了我们与零售商进行有效谈判的能力。关于市场的未经检验的假设，比如"玩具行业在1—7月不赚钱"的观点，其实是信则有、不信则无的"自我实现预言"[①]。因为季节性因素是客观存在的，而且圣诞节礼物大血拼对玩具行业十分重要，这个观点被行业内人士轻易地接受了。数据分析会为我们揭示这个预言的真相。有观察力的人可以看到这样一个模式：零售商在圣诞节前夕备货过剩，然后不得不在新年期间大幅打折，以清理库存。这给生产商带来了多重问题：年初利润微薄、生产成本过高、人为原因加剧的季节性负担、潜在的浪费和环境污染，以及打折导致品牌声誉受损。

我们的销售和营销人员总是说："按照我们的预测来生产。"零售客户会迫使我们满足其圣诞节需求的乐观预测。因此，运营团队内部的谈判能力需要加强，无论是在内部与销售和营销人员打交道时，还是在外部与零售商打交道时。一家大型百货公司的采购主管的动机不是保证玩具公司的高利润，而

---

① 美国社会学家罗伯特·默顿提出的一种社会心理学现象，指预言本身是假的，但它被说出来，被相信，就变成真的了。——编者注

是为了与其竞争对手相比获得更多的乐高玩具的市场份额。这个区别非常重要，因为它决定了我们的利益如何重叠而又不完全一致。我好像比其他人更明白这一点。我们有精确的零售数据，所以如果我们在一段时间内平均销售10套，那我们就应该备货10套，而不是像有些人要求的那样双倍备货，然而我们的行业里总是有人会要求双倍备货。长期而言，准确备货其实也更符合零售商的利益。

2005年底，我晋升为公司的全球首席运营官（COO）。当时正处于公司转型的关键时期，我写了一封《致新组织的信》。我在这封信里表达了我的观点：我们应该从客户的需求出发，并为此调整我们的运营和供应。这听起来合乎逻辑且理所当然，但在实际操作中，它可能非常难以坚守。我分别在外部和内部与我们的零售客户以及自己的销售和营销主管进行了艰难的谈判。

供应链主管会见客户和参加交易展会被认为是古怪的，但我坚持这样做。正如我将在后文所讨论的那样，我们公司所面对的一切挑战都是高度相关的，每个部门都牵涉其中。我会直接与零售客户会面，而不仅仅是把这件事交给销售部门，我也和他们一起参加玩具行业的各种展会。随着时间的推移，我与沃尔玛、塔吉特和玩具反斗城的高级采购经理建立了良好的关系。多年后，我们的IT主管对我说："在您之前，我从未见过供应链高管比销售人员更关心消费者。"

与乐高粉丝见面

几年来，挑战所有未经检验的、关于消费者偏好的假设，成为我们乐高全体高管共同的事业。2005年我被任命为全球首席运营官后，我与营销主管马德斯·尼佩尔（Mads Nipper）建立了密切的合作关系。在这个过程中，我们的领导团队有幸和"乐高迷"打上了交道，这是一次有趣的经历。当时有许多乐高粉丝自己组织的大会，乐高公司完全不在其中。袁威（Jørgen Vig Knudstorp，2004—2016年担任乐高首席执行官）[1]、马德斯、公司大股东克伊尔德·科尔克·克里斯蒂安森（Kjeld Kirk Kristiansen）和我在内的其他高管团队成员，从2004年开始访问了数个这样的粉丝组织，许多粉丝自然也很高兴见到公司的高级管理人员。有一个名为"乐高成人粉丝"（Adults Fans of LEGO）的成熟组织，成员们自愿支付一笔不菲的费用来参加为期三四天的粉丝大会。他们

---

[1] 现任乐高品牌集团执行总裁。——编者注

比我们更了解乐高产品。与他们交谈让我们深入了解了这些积木块的重要性，设计得最好的那些产品在他们手上仿佛有无数可能性。在一次这样的大会上，有人问我小时候最喜欢的乐高玩具是什么。我回答说，我童年时不得不在家庭商店帮忙，除了音乐没有其他娱乐，也从来没有拥有过乐高积木。他们回答说："你肯定有一个被剥削的童年，你都没有玩过乐高！"这只是他们高涨热情的众多例证中的一个。拥有如此忠实的粉丝是乐高的一项无价资产，因为粉丝不仅仅是消费者，而且是品牌的拥趸，与他们见面对管理层的认知有极大的提升。

营销负责人马德斯·尼佩尔与粉丝的谈话非常吸引人且富有启发性；他的视角与我不同，在很多方面更接近粉丝视角，他会从中汲取有助于他开启下一个设计阶段的思路，而我只是在挑选有助于运营的信息。

在另一个活动中，乐高的市场研究人员会到典型客户的家中寄宿——通常是几天，来调研指导产品开发和设计的相关信息。这种研究给了我们难以从问卷中收集到的深度认知，因为研究人员可以对家庭成员玩乐高的行为进行观察。这种洞察力的一个例子是孩子喜欢"小胜利"，比如将大型复杂乐高积木的一部分——一辆小型汽车——拼完了，他们就会非常开心。

看到这一点后，我们为组件创建了编号袋，并且更改了放置零件的顺序，能让孩子在一个个"小胜利"的引导下完成复杂的"大工程"。

正如马德斯在接受本书采访时所说："这就是我一直讲的'游戏体验'的细节认知，我认为这对于整体体验非常重要。"

在乐高转型期间，我们发现一些历史悠久的产品线存在市场需求但是没有被很好地开发，例如"DUPLO"系列和"乐高城市"系列产品。越来越多的企业意识到，"复古"产品可以使其保持吸引力，或者为其带来复兴。"新的"并不总是更好的。"乐高城市"系列产品的成功生动地说明了这一点。它也为本书提供了一个典型案例，向我们展示了相信未经检验的消费者需求假设是如何损害了产品开发的。"乐高城市"是乐高的经典产品线，但是在20世纪90年代中期至21世纪初乐高产品走多样化路线时，这个产品线被相对忽视了，分配给它的营销预算严重不足。

未经检验的需求会影响决策。

顾名思义，"乐高城市"是一系列模拟城市场景的产品，从消防站到滑雪村应有尽有。这个产品线始于20世纪70年代，当时以"LEGO 城镇"作为品牌名，推出了第一批乐高人偶。我加入乐高时，公司内部的主流观点认为，"乐高城市"系列产品在美国的吸引力有限，因为美国人只喜欢动作片和超级英雄类的玩具。然而，这种关于美国市场的假设从未真正被检验过。它可能来自一种对美国文化的刻板印象，而这一印象建立在好莱坞动作片、西部片和飙车电影的全球知名度上。然而，当马德斯决定挑战这一假设并开始向美国消费者推销"乐高城市"时，产品直接脱销。当然，"乐高城市"产品线也一直在进行改进和创新，这也使得这个系列的产品种类越来越丰富。

在这个过程中，我们最有趣的发现之一是，来自世界各地的对消费者偏好的详细研究显示，"乐高迷"的国别、地区差异非常小。这一点与服装和家居装饰等行业有显著的差异。在传统行业中，不同国家和地区的消费者偏好差异是很大的，营销和制造流程必须为适应这一点而进行设计。但是我们的研究人员发现，本来我们觉得，在那些大部分人住在公寓，人们职业道德高，工作紧张，很少有时间进行创造性游戏的国家，人们购买的乐高产品在大小和类型上会与北美国家不一样，但实际情况远非如此。对"乐高迷"来说，上海家庭的购买偏好，与达拉斯、拉各斯、慕尼黑和孟买家庭的是高度相似的。也许这就是神经科学家所说的，玩耍的冲动是人类七大核心冲动之一，它是一种普遍的渴望。

马德斯成功挑战并且驳倒了"美国男孩只喜欢动作片人偶，因此'乐高城市'系列产品在美国的吸引力有限"这一个市场假设。在回忆这个过程的时候，他说："我只是拒绝相信这一点，因为我们发现，现实中，在世界各地，在各种场景下，儿童的游戏行为比他们父母所认为的要相似得多。更多的是……我拒绝相信我们不可能有一个全球通用的产品类别，因为我们获得的任何数据都无法证明儿童的游戏行为存在国家和文化间的差异。然后我们说，好吧，如果孩子喜欢这些产品，那说服他们的父母付钱就只是个时间问题。他们（乐高设计师）说：'好吧，我们会开发北美版的乐高城市产品，但我们需要一辆纽约消防局的消防车模型，一辆不同于德国消防车的消防车，它们看起来显然不同。'但是我坚持了同样的原则：我不信。我就是不信美国孩子就必须喜欢纽约消防车，他们看到德国消防车玩具时可是喜欢得很呢。"

通过与乐高迷的互动，我们开始不断地改善乐高呼叫中心的服务。呼叫中心的员工与乐高迷一样拥有知识、对乐高充满热情，并且接受过系统的培训，他们可以帮助来电者，满足来电者的各种要求。让消费者能够获得人性化的、私人化的帮助是乐高服务的重要组成部分。客服呼叫中心——至少在像乐高这样高度个性化和需要创造性的产品上——永远不应该被自动化。

一个公司处理投诉的方式很能体现它的文化和价值观。将投诉看成一种不胜其烦的滋扰是人的天性，而更富有想象力的人会将它视为一个学习和改善服务质量的机会。甚至有一些研究表明，如果投诉处理得当，愤怒的客户可能被转化成参与度和忠诚度最高的一批忠实用户。[1]需要谨记的关键如下：无论你处理得是好是坏，你处理投诉的方式都会成为人们热烈讨论的话题，无论是在客户家里还是在他们的工作场所（比如饮水机旁）。与直觉相反，这其实是一个使企业大放异彩的机会。

在乐高的经营恢复阶段，我们加深了对消费市场需求和偏好的了解，以帮助我们更好地匹配供需。我们开始挑战那些最棘手的问题，挑战未经检验的假设，对实际消费者的喜好进行更深入的研究。

我们还学会了如何有效地与零售商谈判，学会了放弃折扣店市场，并且遏制了客户在1月的折扣力度。与零售客户谈判的诀窍在于理解他们只是商人。首席执行官袁威强调一定要理解双方的"赚钱逻辑"：我们有我们的赚钱逻辑，沃尔玛、塔吉特和亚马逊也各自都有自己的

了解合作方的赚钱逻辑。

赚钱逻辑。他们是相互竞争关系，所以每个零售商都想成为乐高最大的玩具零售商。通过将我们的物流中心整合到三个地理中心——欧洲、北美洲和亚洲，我们显著地提升了物流和分发的效率。2017年左右，一位零售客户跑过来对我说："巴利，我真佩服你做到了这一点。只有一年我成功地让你屈服于我的要求，而只有那年我赔了钱。你是我们商圈的传奇。"

总结

我的职业生涯存在一种循环：我作为顾问向首席执行官们提供建议，这些建议不仅来自我作为高级管理人员的经历，也来自大半个世纪前我还是个孩子时在家庭经营的杂货店里打工时学到的东西。在一家成功的跨国公司担任首席执行官，与周六在家庭商店帮忙，二者之间的差异很明显，相似之处也没有那么容易看到。在低收入岗位上，我一直力求雄心勃勃和勤奋；作为高级管理人员，我力求谦虚并且勤奋。一个企业之所以存在是为了满足人类的需求，因此企业的方向和企业中每个人的运用，都必须以此作为基础——理解客户，满足他们的需求，在谈判中公平和自信——其他永不失效的商业核心原则也由此而来。

本章的主要原则

- 客户是上帝，但不是独裁者。

- 交付比灵活性更重要；一个消息灵通、管理良好的企业自然会在响应需求和科技环境变化时保持敏捷。

- 企业对企业关系中，客户有他们的赚钱逻辑，你有你的。这是理解双方行为的关键，也是谈判中的指南针。

如何实践上述原则

- 从客户的需求出发确定事务的优先级。

- 经常检验你的假设，要特别注意避免文化差异造成的刻板印象。

- 发掘消费者和潜在消费者的真需求。如果有一个被广泛接受的前提或信念，检查它是否植根于客观证据。

- 请记住，客户的动机和优先级与你自己的动机和优先级可能重叠，但不一样。

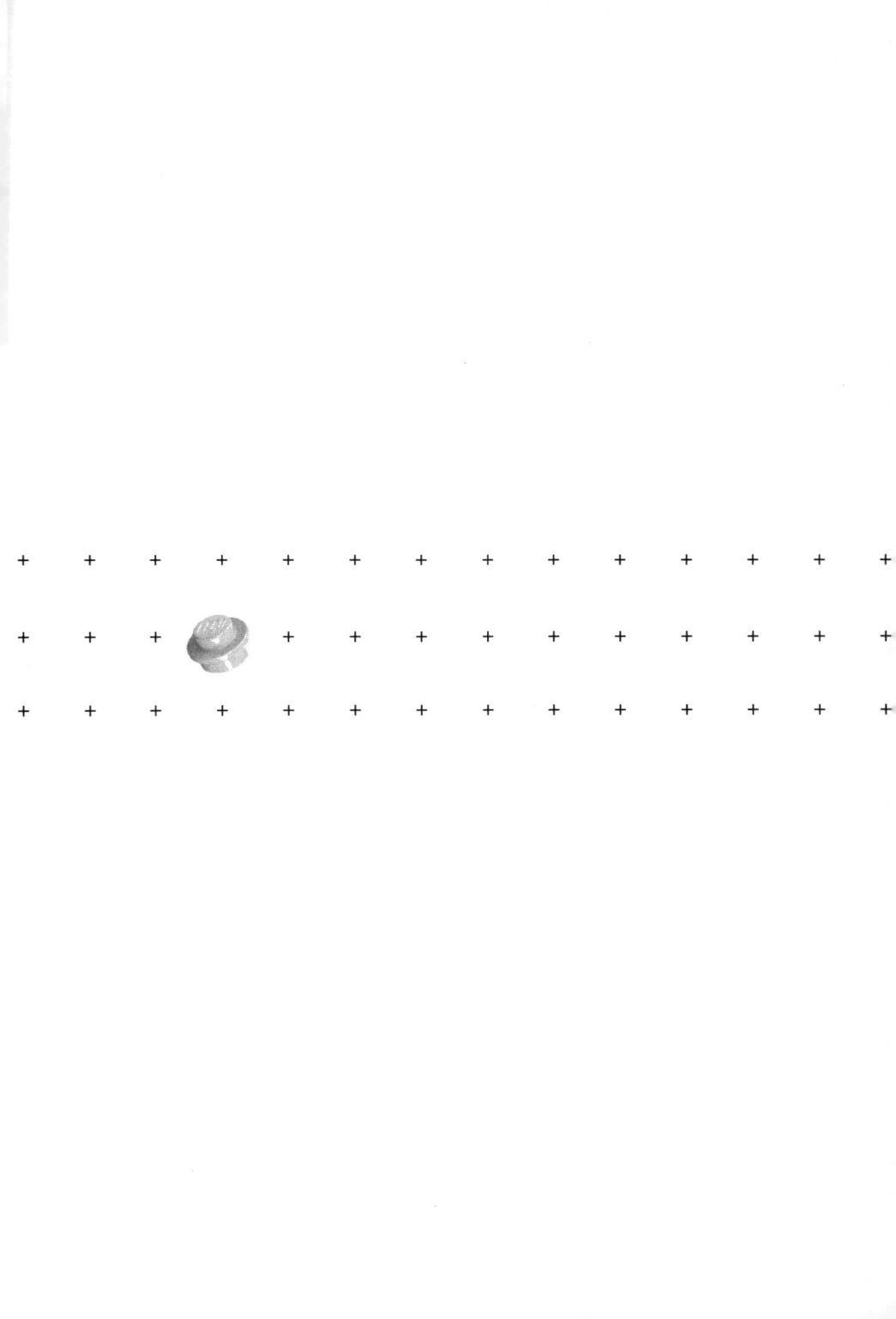

创新必须适用于每个人,

而不仅仅是产品和研发部门

第 2 章 CHAPTER TWO
创新应是持续的改进

　　管理既是一门科学，又是一门技艺，也是一门艺术。只要是科学，就需要时时刻刻以翔实可靠的数据和相关的证据作为行为指导，但是在管理实践中，我们往往不能得偿所愿。有时候，你需要调动从业者的实践智慧（技艺），同时对彻底重构你的商业模式和工作方式的可能性保持开放的心态（艺术）。这些方面既必不可少又相辅相成，何时强调哪一个方面，以及各个方面的比例设置，都取决于客观环境。如果管理者忽略这三个基本组成部分中的一个或多个，或者配置不适合当时的环境，都会使企业陷入巨大的困境。

我从小就喜欢研究工作流程和实践，乐于思考各种不同的、更好的做事情的方式。由于我是在一个富有创业精神的家庭长大的，这可能与喜欢学习一样，是一种本能。我会随时观察有哪些流程可以改进。我深刻地理解，管理学是一个创新、执行和交付共同形成的、相互嵌套的整体，而不是一个简单的——守旧还是创新——二元论选择。这种认知在很早以前，甚至在我当上经理之前就已经形成了。20世纪80年代，我还是英格兰诺斯弗利特生产线上的一名初级操作员。当我在会议上滔滔不绝地讲述如何让工作流程变得更智能时，我成功地惹恼了我的经理和整个工会。

说到商业创新，我们经常会想到突破性的发明和颠覆性的技术。有形的发明创造往往比渐进的流程创新更能引起大众的注意。像艾伦·图灵或埃隆·马斯克这样的发明家，他们更经常出现在雕像或者铭文中，因为他们的耐心工作为改善服务做出了贡献，但是提升供应链效率或提升客户服务水平的创新者却很少受到大众的狂热追捧。如果你在YouTube上观看历年的F1（世界一级方程式锦标赛）视频，你可以看到从20世纪50年代至今，大奖赛的进站流程持续在变化。在过去，赛车进站需要一分钟，司机会喝点水，甚至有人会上来擦亮他的挡风玻璃。今天，赛车进站只需要三秒钟。三秒！其实在世界各地的生产线上，也已经发生了同样的演化。有人在对构建好的流程进行丰富的重构和无情的改造，在此过程中，每个环节都被加速了。在这个过程中，科技的进步得到越来越充分的运用——比如更好地给赛车换轮子的工具被开发出来，同时，团队合作的方式也发生了改进和迭代。可见，创新能力永远都是一种资产，创新不仅可以发生于设计、技术和营销领域，也可以发生在包括供应、分销和零售等的所有领域。只要创新针对一个合理的目的，就可以持续创造有价值的新事物，更好地向客户兑现承诺。

> 创新可以发生在任何地方。

在健康的组织文化中，创新可以发生在任何地方：制造工程师可以设计巧妙的新流程，对接客户的员工可以想出更好的沟通方式和更量身定制的客户服务，等等。认为创造力和创新仅局限于那些听起来明显更"创新"的学科，诸如设计和技术研究等，这种陈腐的观念是无益的。这种观念源于人们对于某些业务部门的描述本身存在误导性。比如，一个企业的设计、营销、战略部门经常被定义为"增值"部门，而供应链和物流部门经常被定义为"效用中心"或"成本中心"。我们将在后面的章节对这种偏见提出挑战。当我们讨论一个企业的创新文化时，必须适用于每个人，而不仅仅是产品和研发部门。

创新并不一定意味着颠覆，也包括不断寻求改进。创新者的头脑是永不安分的，他们从不假设事情已经解决，从不相信有什么观点是不能被质疑和挑战的。这包括保持好奇、适应性强、热爱探究。这些改变总是带有目的，不断进化是为了适者生存，而不是为了看起来繁忙而无目的地改来改去。管理学的讨论中有一种不幸的倾向，即总是将创新和执行对立起来，但事实上，它们是互补的。围绕颠覆性技术的讨论假定了一种内在紧张关系，一面是人类对"稳定状态"的渴望，另一面是对完全重塑做事方式的需要。我认为这种对抗被严重夸大了，将想象中的各种情况都简化为了二元对立。完全稳定的状态其实从不存在，而再彻底的重塑也往往需要在根本上保留一些基本元素，否则无法对剩下的元素进行大刀阔斧的改革。在数字时代，有些人总是按捺不住地想要将一切都自动化，对这一种思想我也将在第 10 章提出不同意见。任何创新都需要通过的真正测试是：你想实现的变化是否能为你的最终顾客提升生活品质，创造价值和机会？它实用吗？永远从客户的需求出发，是我们在对待创新和进化的时候，保持诚实、务实、与时俱进、创新和适应的最可靠的方式。当然，这个客户包括内部客户和外部客户两方面。

敏捷管理不是万能药

敏捷管理是 2020 年前后非常火热的一个企业管理理念，但是它经常被误解。目前的管理学讨论似乎把敏捷当成了一个明确的目标，也就是说，敏捷变成了目的。我们经常会听到别人说："企业必须在 21 世纪保持敏捷。"好吧，这句话本身在某种程度上是正确的，但敏捷性作为一种品质并不能独立存在——而是和企业管理的其他部分紧密相连。我的经验表明，最好将敏捷理解为好战略和高效运营能力的副产品，而这正是本书所要阐述的主题。如果企业的领导者将组织理解为一个复杂的有机体，如果大家都将战略作为一个发现和迭代的连续过程，如果经理及其团队坚持以客户的需求为一切的出发点，如果部门领导者能够有效地谈判、提出立场和相互合作，如果团队坚持萃取最简单而透明的"关键的少数"并据此决策，业务自然会变得敏捷。更重要的是，这种敏捷性是可以随着实际需求、新兴机会和技术调整而变化的，而不是为了改变而改变。

类似地，市面上还有其他一些比较常见的误解，阻碍了真正的敏捷理念或实施：把供应链或制造部门看成"肮脏"的成本部门，而不是合作伙伴；只按目标进行管理而不过问运营细节；将一长串财务激励措施与关键绩效指标（KPI）相关联；

把交付质量看成一个单独部门的责任,而不去动员全体;官僚主义和部门间的过度竞争;会议上长篇累牍的报告和大量堆砌的数据……

"兑现承诺"不仅是运营部门,也是整个团队永恒的指北针。一个高度创新的团队常犯的错误是过于雄心勃勃,从而过度承诺。创新者和战略家的准则是知道自己能够承诺什么,以及如何兑现承诺。任何一个领域的持续失败对一家公司来说都是致命的。一些备受瞩目的公司已经因为未能持续地创新和适应环境变化而倒闭。比如 Woolworths 这样的大零售商就因为未能充分适应技术和市场的变化——网上购物的发展和消费者口味的变化——而退出了历史舞台。视频租赁头部公司百视达(Blockbuster),被后浪——在线影视公司网飞——无情地拍在了沙滩上。而具有悲剧性讽刺意味的是,网飞在规模尚小的时候曾提出要与百视达合作,却被它傲慢地拒之门外。媒体故事和商学院的案例中都写满了这样的教训:在商业模式或者技术已过时的公司里,尝试保持高水平的运营只能面临灾难性的失败。保持战略敏捷和迅速的响应能力是必不可少的,但这些对于将战略视为进化机会而非僵化的计划的领导者而言,应当是自然而然的(另见第 5 章)。

因无法适应新环境、创新失败而消失的公司数不胜数,但是有创新的战略和技术，却因为不能有效运营而失败的公司同样不少于前者，却远没有前者那么引人注目。例如，P2P（个人对个人）借贷是金融领域的一项创新，这个创新在某些领域已经有了可观的增长；但同样地，一些 P2P 初创企业也已经因风险判断失误、财务管控不力，或者其他各种运营方面的问题而失败。[2] 这就是为什么在本书的前言所描述的场景中，供应链主管一定要说"可靠性第一，灵活性第二"——这与《经济学人》智库的一项研究成果一致（另见第 3 章的相关讨论）。这项研究的结果表明，对成功的商业领袖而言，执行力比战略制定能力更能决定他们在这个商战游戏中打多久，因为"对于商业领袖而言，前者比后者更稀缺"。

敏捷听起来是个好词，因为它自带一种温和与民主的气质。但是，有时候，敏捷其实是靠强制的执行力来保障的。在乐高从危机中复苏之前，可以明确地观察到一种有名的"分析性瘫痪"（paralysis by analysis）现象：团队对流程和可能的创新进行了过多的开放式讨论，以及讨论之后拖拖拉拉地跟进，而当时公司面临的情况明明已经非常紧急。如后文第 9 章所述，平台已经着火了，但不是每个人都真正能够了解事情的紧迫性。丹麦文化本身是鼓励共识的，但在紧急情况下，我们需要的是更直接和更有指导性的领导者。在这种环境下，要紧的是如何对层出不穷的新情况变得更加敏感——换句话说，变得更加敏捷——并且在这样做的同时，加强组织的运营能力。

一个流行的误解是，尽可能地提升自动化水平将使企业变得更加高效和敏捷。我认为这是对一种本质非常复杂的东西强行进行的过度简化。针对这一主题，我将在第 10 章进行讨论。

移民视角

我最早的工作经历是很多移民家庭的典型经历：我们小的时候在家庭商店打工，后来在工厂从事相对低薪的工作。成年后，我开始了一些在零售业的创业尝试，虽然没有获得大的成功，但是获得了宝贵的经验（我将在第 4 章讨论这个问题），作为一个年轻的已婚父亲，我需要一笔可观且稳定的工资来给家庭提供安全感，但这并不意味着我放弃了创新者的敏锐洞察力。我在肯特郡诺斯弗利特的 AEI 电缆公司的生产线上工作过，后来，我去了达特福德附近的威康（Wellcome）制药公司做一份类似的生产线工作。这些工作薪水适中，大部分工作是千篇一律的机械式劳动，但正是在这些地方，一些向上的机会向我打开了。我早期的大部分困惑，都源于我所观察到工作场所的做法并不合逻辑——或者至少不是最优的。这些工作方式似乎并没有经过严格的论证和测试。我会问太多问题，有时问其他人（这可能会给我带来麻烦），有时问自己，例如：

- 为什么真正在流水线上工作的人不参与流水线设计？
- 为什么我们这么喜欢墨守成规，而不能像 F1 的工程师们一样不断寻求改进？
- 为什么我们要把好好的团队拆成小分队，然后又在无聊的会议中把他们聚到一起？
- 为什么许多管理者坚持忍受一种他们明明并不喜欢，也不觉得有任何商业或者社会意义的、明显低效的会议风格？
- 为什么很多经理人，包括超级大公司的高级经理，会基于预感和未经检验的假设做出重大决策？
- 为什么很多没有事实基础的"迷信"观念，仅凭"早已有之"或者"本月流行"，就能受到经理人的广泛欢迎？
- 为什么经过长年的对查尔斯·汉迪、彼得·德鲁克和汤姆·彼得斯这样强调实事求是的管理思想家的学习，经理人的学习和实践之间还存在如此之深的鸿沟？简而言之，为什么这么多的企业管理者不能实事求是一点？
- 为什么有些管理者喜欢并满足于成为故事中的受害者，抱怨——却满足于抱怨——他们所在的机构限制了他们改变事物的能力？

案例：威康的生产力如何飙升？

我在威康第一次担任管理者的时候，大约有60人向我汇报工作。这是我早期职业生涯的一件大事。我记得当时心中暗想，如果之后我再也得不到升职机会，那我也该满足了。然而，我并不想简单地沉浸在升职的喜悦中，我想有所作为：这是一个机会，我可以把我通过观察和研究形成的想法付诸实践，我终于有了足够的空间来一试身手——提高团队合作水平、生产力和绩效。

在威康供应链部分做管理工作是件苦差事，因为需求波动很大，而且对质量的要求非常高。我们会收到来自中东的招标邀请，但往往附带着严格的截止日期，然后就会有一波忙乱的加班高峰。不言自明，制药行业一向是制造业中质量要求最严格的。我们的工作需要遵守严格的政策和程序，并时刻处于外部的检查和监督之下。一旦出现失误，我们就会失去宝贵的制药行业资质。温度控制极其严格，安全无比重要。某些类型的处方药会被人以娱乐目的而滥用，它们往往有成瘾的副作用；包装好的药片相对较小，容易走私，会被人在街头高价转手倒卖。要监督这样的产品的生产和分销的安全性，其难度不低于管理一个印钞厂或者金库。你需要把货物的重量和校准的包装数量相互核对——即使再小的偏差也是不可接受的。

我观察到，生产线的速度和效率都存在明显的改进空间，但这一切显然必须在对质量没有一丁点影响的前提下进行。在这个过程中，我开始学到一些最巧妙的促进团队合作的方法，集中利用每个人的贡献，这样就可以同时提高速度和质量。这意味着一些内部的角力，但是我的优点一向是，如果我觉得问题缺乏逻辑，就会毫不犹豫地对其提出挑战。

我还学到了一点：质量是每个人的责任。这是早期"质量"先驱提出的概念，比如 20 世纪 50 年代的工程师和管理顾问 W. 爱德华兹·戴明。戴明的想法即使在今天看来也是高度先进的，并鼓励了整个企业的不断改进。他反对恐惧管理和财务目标管理，鼓励团队内部展开尽可能广泛的合作，通过对质量孜孜不倦地追求来凝聚团队力。以他的名字命名的"戴明研究院"很好地阐述了这一概念的独

> 质量是每个人的责任。

特性:"(戴明的)许多原则是哲学性的,其他的则更加程序化,但都是变革性的。"[3] 然而,到了20世纪80年代,当我开始我的职业生涯时,我发现这些想法已被等级制度和官僚作风过度破坏了。质量往往成为一个单独的"质量部门"的责任,这个部门要制作大量的表格并催人来填写,以此表现自己有所作为。将对于质量的责任划归到一个专门的部门,只会造成不必要的官僚作风,不可能达到真正保证质量的目的。本来很好的主意,通过一连串善意但错误的小步骤,逐渐演变成了一种管理学领域夸夸其谈的时尚,最终在某些情况下被实践界拒绝,连带着这套想法中灵光一现的好点子。

我最开始要求一线操作人员共同承担设计生产系统和流程的责任时,确实遇到了阻力。有一次,我希望装配工来参与生产线的流程讨论。生产线工程师(装配工)的责任是管理生产线的机械运行和进行不同模式之间的转换。他的上司不希望他参与,所以我也邀请了这位上司。本来,当一个机器需要维修的时候,应由轮值的装配工来负责,但我希望这由最了解这台机器的装配工来负责。这项提议遭到工会的激烈反对。讨论逐渐变得政治化,后来我甚至被排除在某些会议之外,但我最终赢得了那场博弈。

我想要那些真正在一线持续从事生产工作的人参与共同

设计，就像 F1 的那些工程师一样，不断地提高更换轮胎的速度、准确性和效率。我丝毫不认为操作一线人员是愚蠢的。正如汤姆·彼得斯所说："他们并不是像有些人想象的那样，在上班之前先把大脑摘下来挂在门口。"这些操作人员在他们的业余时间有足够的脑力来把社区运动队管理得井井有条，或者在酒吧的解谜游戏里大展身手。如果管理者从来不询问这些人，那这些人又如何贡献他们的想法呢？然而，像我这样持这种理念的管理者，不得不持续地与那些认为初级工作人员只是"无脑螺丝钉"的偏见做斗争。一些老派的英国公司把食堂分成经理餐厅和工人食堂的做法一直延续到 20 世纪晚期，而这就是这种阶级划分观念的残余。我记得有一次在我做有关邀请一线操作人员参与流程设计的分享时，一个经理评论说："这是本末倒置。"在另一场汇报中，我的一位同事把"continuous"（连续）这个词少写了一个"u"，同样又是这个经理紧抓这个错词不放，而对我的报告主旨毫不关心。尽管如此，随着时间的推移，我还是渐渐赢得了人们的支持。我非常幸运，总是能与非常聪明和雄心勃勃的人做同事，一起为有所成就而努力。保罗·费拉利奥（Paul Ferarrio）是当时的工程主管，非常聪明，善于合作，我们结成了很好的伙伴关系。

当你邀请别人和你一起努力时，人们才开始真正为你而努力。我们重新设计了基于团队共创的新的生产线流程，最终显著提高了生产力，缩短了 50% 的周转时间。比如，为了调整生产线上的一台设备，我们定制了特定高度的手推车和一个滑轨组，用于迅速替换新老设备组件。这比用起重机完成的旧流程要快得多。我们还设计了更合乎逻辑的生产线来减少清洗设备的次数。有一个环节是装一卷 PVC 用于包装，保罗·费拉利奥只是换了个更大的 PVC 卷，就有效地减少了更换次数。同样，我们把输送原材料的袋子改得更大，然后改造了机械部件来支持它们，就有效地节省了成本，减少了维护时间，提高了机器的有效使用时间，同时仍然保持了最高的产品质量。这种效率上的飞跃，只有通过调动全团队的热情和贡献才有可能实现。

> 当你邀请别人和你一起努力时，人们才开始真正为你而努力。

在这个过程中，我的幸运是毋庸置疑的：有开明的经理和专业的同事，我们的部门经理允许我进行创新，如果我们的改进提高了整体质量，还可以将其在团队中进行推广。2020 年，我和我的工程主管保罗·费拉利奥重逢，一起为本书的出版做准备。他仍然记得我对于持续改进流程的渴望，他回忆说："1988年，还是1989年左右，你从美国请了个人来给我们鼓舞士气。那时候，你好像无所不能……至少在我们的小圈子里是这样。我记得你非常喜欢汤姆·彼得斯，尤其是他有关运营人员不会在上班前把他们的大脑挂在门口的段子。那时我们有一段好时光，能够不受阻碍地努力做事情。那时候威康的组织规模很小，这也是优势，可以让我们自己对自己的命运负责。"

就这样，我们通过降低生产流程的复杂性取得了重大进展。在药品制造行业，你经常会在自己的药盒里看到那种放药片的、一面有透明壳一面为平板的药品包装，它被称为"泡罩"。随着时间的推移，产品越来越多样化，以至于连泡罩都有十种不同的尺寸。我们直接把泡罩尺寸的数量减少到只有两个，达到了显著的运营效率提高和成本节约。在我的整个职业生涯中，降低复杂性的这一课，它的高度价值反复被证明。

我们一直在问：为什么？我们为什么这样做呢？大家对于创新的挑剔程度远远大于对现有程序的深思程度，这是由人类的天性决定的。而持续改进的关键是审视，包括对那些显而易见的事情，并邀请所有相关人员参与讨论。保罗补充说："这件事的本质是充分授权和充分

> 持续改进的关键是审视。

调动团队的合作精神。这是我们工作的根本方式。人们如果没有权力，就不会试图去影响变化或者推动改进。对于上面讲的零件更换，操作人员需要做的只是将零件滑出，但是重的零件很难搬运，所以我们定制了特定高度的手推车。同时，我们对零件进行了颜色编码，以便它们可以立即被找出来。对于红色的零件，机器上对应的位置也应用红点校准。工程师要让负责换零件的运营人员直接进行生产线的管理，而不是像以前一样，每次换零件的时候工程师必须到场。"

我在威康的监督和管理角色，给我以后在制造业的运营管理风格打下了完美的基础。我在匹配全球业务的供需方面有着大量的一手经验，我学会了如何平衡供应的连续性、弹性与效率，以及防止库存过多，还有如何在高度专业化、重监管产品的制造业中制定最严格的质量保障制度。我对自己能够实践我对团队合作和管理的理念并且取得如此的成就非常满意。

直到多年后，我才完全体会到威康教给我的基本功的价值——最初是工作分割和成本核算的知识，后来是流程和质量控制。通过职场学习，我学会了如何计算工时和机器工时，如何核算一项任务的准确运营成本。在我职业生涯的后期，我负责全球供应链的时候，这被证明是一门非常有用的学问。这种职场学习使我既能识别更高效的流程,还能用数据证明新流程的合理性。其次,威康,或者说所有制药公司的库存管理都是制造业中最精确的。记录和库存必须完全匹配,我们随时会进行随机检查;最小的差异都必须上报并改正,然后吸取教训。降低复杂性可以带来巨大的收益,生活已经够复杂了,所以可以简单的就尽量简单点吧。此外,还有人员管理技能:威康的导师们教给了我个人领导技能,例如同理心、如何处理绩效评价、如何与员工沟通和激励员工。威康不是一所商学院,但它为我提供了第一手的制造业管理技能的全方位教育。我的大部分学习来自团队合作,边做边学,不断的实验与改进、不同学科合作、创新和服务交付紧密结合。

进步并不总是线性的或连续的,也不是必然的

威康生产流程改进作为一个案例研究,有着悲哀的尾注。在其于1995年被制药巨头葛兰素公司(Glaxo)[①]收购之后,它位于达特福德的工厂关闭,生产全部转移到葛兰素公司的工厂。这是对所有"非本地发明"的制造方的一个深刻教训。

---

① 葛兰素公司于1995年与威康公司合并(并非文中所说"收购"),改名葛兰素威康公司,后于2000年与史克必成强强联合,成立葛兰素史克公司。——编者注

持续创新、迭代和改进是可行的，但绝不是必然发生的：它们要求纪律和专注，以及有主动意识的代理人。关于管理最重要的教训之一——事实上，是关于生活的最重要的教训之一——就是，事情会变得更糟，而不是更好！在本书面世之时，本章中的案例都大约有30年的历史了，但是请不要觉得这些经验已经过时。从客户的需求出发，结合速度、效率和质量，通过团队合作和智能技术相结合，建设持续改进的文化。这些原则是永恒的。

我不希望对葛兰素公司当时的管理层的判断做出过于苛刻的评论，因为他们的许多员工和流程都非常好。而且事实上，我第一次接触到"兑现承诺"的口号就是我在葛兰素威康任职期间。葛兰素公司的收购确实间接地使我个人受益。有一群威康的高级经理被裁员了，但是我级别太低了，没有受到影响，反而打开了我在这家跨国公司的晋升之路。那时候，我与葛兰素史克的一位高管建立了密切的工作关系。他鼓励我主动申请各种项目。我申请了一个我认为自己能够胜任的升职机会，机会很小，但我被任命了。这是一个出口相关的职位，是一项和我之前所从事的完全不同的工作——是我第一个全球化的工作机会，而且是一次大的晋升。这个工作在伦敦北部赫特福德郡韦尔的葛兰素威康办公室。它进一步夯实了我在业务运营方面的基础，让我接触到销售、运输和分销等不同的职能部门。我的领导支持团队成长，并且花费很多时间和心血来指导我们，但是机缘巧合，他的一项举措让我看到了在公司之外的机会。通过他的一位猎头熟人，我接受了一次包括认知测试和工作风格的评估，以确定我的能力和工作方式。我的评估员得出的结论是，我有强烈的创业精神，很可能会觉待在像葛兰素威康这样的大公司有点窒息。我发现这一点非常了不起：葛兰素威康付钱告诉我，我应该考虑离开！

2000年左右，在另一次大型合并之后，葛兰素威康成为葛兰素史克（简称GSK），我越来越觉得办公室政治的压力太大，于是开始寻找外部机会。就在那时，我注意到一个招聘广告，是传奇玩具公司乐高在招募负责北美运营和供应的高管。

我的职业生涯开始朝着最大的突破前进。

总结

作为年轻的经理人，从观察者到主角，我在威康以及后来的葛兰素威康和葛兰素史克都取得了巨大的成就，但也承受了不少的挫败感，这都为我提供了丰富的学习机会。

"非本地发明综合征"是真实存在的，它的根源在于人性：骄傲、自尊心和情感归属。创新和服务交付不是对立的，而是应该被视为密切的关联体。类似地，我一直认为所谓的把业务分成"硬"业务（例如流程、财务和系统）与情绪和关系的"软"业务这样的看法，既无稽又有害无益。在现实世界中，这些维度都是丝丝相扣、密切相关的，对此我将在本书第12章讨论。我们应该将业务视为一个复杂的、动态的系统，而不是一个资产包。这就成了我们下一章的主题。

本章的主要原则

- 创新与执行并非与生俱来地对立，而是息息相关。在许多商业环境中，将"颠覆"与"稳态"当成对立面是过于极端的，更现实的做法是一边考虑什么需要改变，一边考虑什么需要保留。
- 颠覆并不必然带来改善，甚至不一定带来新的发明。
- 那些参与运营和服务交付的人可以并且应当成为有创新精神的设计者和开发者。
- 业务创新需要着眼于为终极消费者提升品质生活，而不是为了颠覆和创新本身。
- 最有效的创新往往来自持续改进，这可以通过不断迭代来实现，而不是一次性的断崖式巨变。

如何实践上述原则

- 尝试在每次会议上回顾：哪些流程、产品和服务可以被改进，哪些可以持续维护。
- 相反，如果在筹划一项重大变革，请发挥逆向思考能力：改变会带来意想不到的后果吗？现有服务是否可能会中断或受到伤害？问问自己哪些是在变革中需要重点保护和保持的。
- 改变和创新永远是达到目的的手段：始终关注对消费者最终体验的影响。

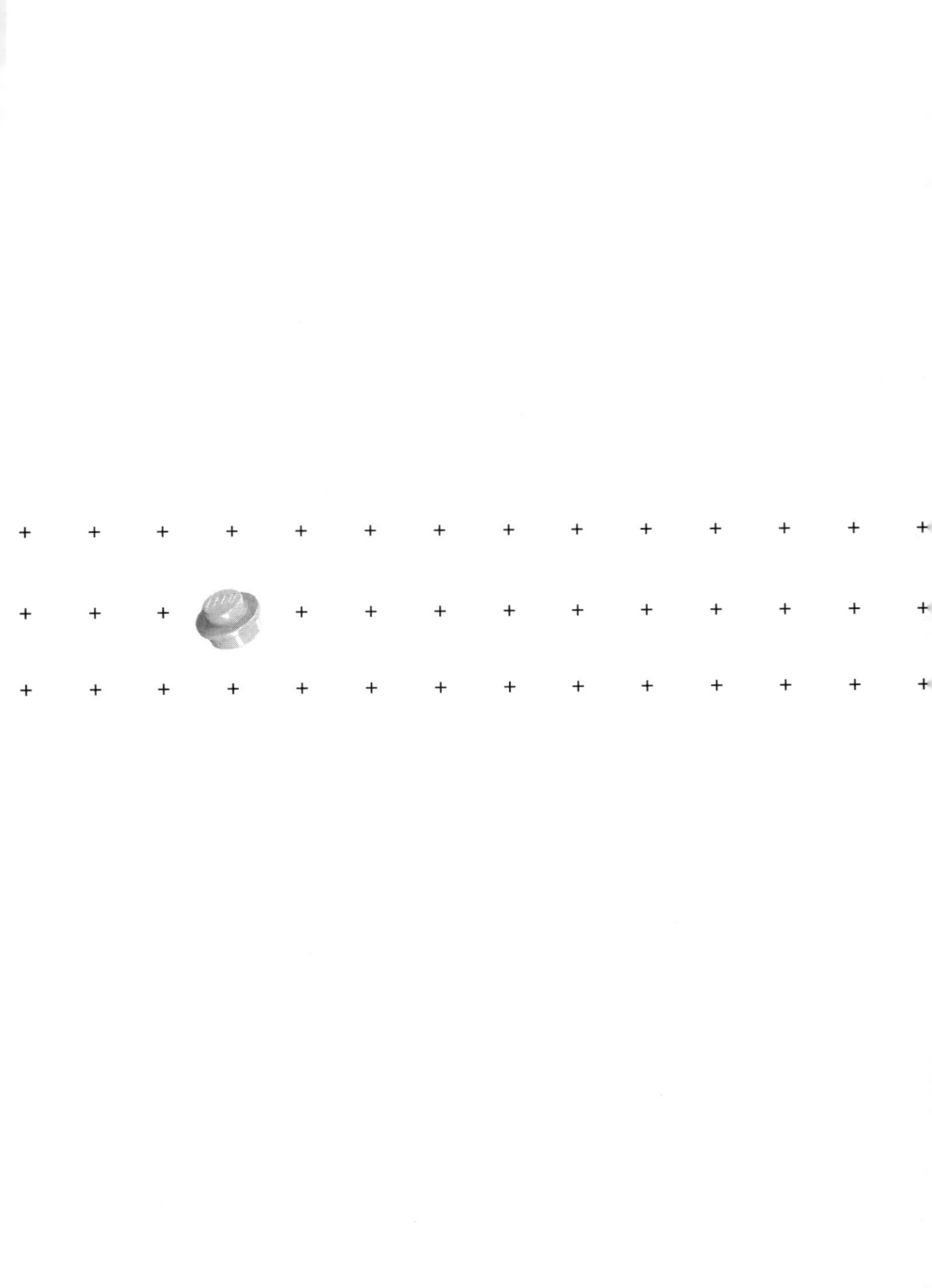

高管需要了解 20% 的操作细节

第 3 章 CHAPTER THREE
企业是有生命的有机体

2007年左右，也就是我开始担任乐高首席运营官两年后，我的一个在宝洁公司工作的朋友评论说，他以前从未想过运营主管在公司战略上的影响力能如此之大。我觉得这是一种赞美，但同时承认这是环境的结果：在这家公司，解决核心的运营问题是它起死回生的关键，而我深度参与了这场大救援。对任何一个高管来说，这都是极其不寻常的一段经历。同样，供应链负责人与零售客户举行定期会议也被看成是奇怪的做法，而这正是我早期在北美分部任职时开始的一种创新操作。

我认为询问和了解一项业务的各个方面是天经地义的。当然，在这个过程中要尊重他人的知识、专业。"兑现承诺"是我在职业生涯早期学到的一句格言，也是管理行业每个人都应该铭记的永恒指南。从这个指南出发，自然会要求整个企业成为一个主动的有机体，每个人都必须知道别人在做什么，以便整体可以熟练自如地完成复杂动作。有机体的任何一部分受到重大影响，都将不可避免地影响整体。

难道这些道理不是不言自明的吗？可是，似乎并不是人人都这样认为。在我的职业生涯中，我了解到，当我们追求不同部门之间的密切合作，寻求提升内部和外部各个利益相关者共识的时候，我经常不得不违背传统的业务逻辑。但是我没有退缩，而是开始质疑这些被人广泛接受的业务逻辑和经营假设。

在我在乐高的职业生涯的早期，我深受拉姆·查兰（Ram Charan）和拉里·博西迪（Larry Bossidy）的《执行：如何完成任务的学问》（后文简称《执行》）一书的影响。作者一针见血地指出，真正"领导"一个企业与尸位素餐有着巨大的差异。绝大部分的首席执行官属于后一类：他们坐在高高的位子上，与实务距离万里。虽然首席执行官确实有必要避免过度陷于日常事务，更不应该微观管理，但这一点经常被过度解读。首席执行官同样不能距离实务太远以至于失去对运营的感觉。授权是必要的，但首席执行官应该能够深刻理解他授权的职责和任务，并确保被授权者拥有必要的能力和资源去具体执行，并在信息充足的情况下解决出现的问题。在《执行》一书中，作者列举了一个又一个精通战略和财务分析的首席执行官的例子，他们对绩效目标充满了雄心壮志，但同时对自己的运营团队究竟在做什么的理解极其浅薄。这种组合每一次都会造成灾难性的后果。

我清楚地记得，2004年，当我阅读《执行》时，我正在从美国飞丹麦的长途航班上。乘夜间航班时，我的习惯是读一个小时左右的书，喝一杯酒，打瞌睡几个小时，然后醒来再翻几页书。而那次，我整个飞行过程未睡，一口气读完了全书——它真的太吸引人了。尽管书中描述的很多东西和我自己的管理方法出奇一致，但它也提出了更深层次的问题。为什么这么多经理人好不容易爬上了企业行政职务的最高级，却会一再犯这样暴露自己对自己所管理的复杂系统理解肤浅、缺乏好奇心的基本错误？为什么这么多董事会会做出如此不合适的任命？这似乎指向一些商业教育的基本缺陷，以及主流商业观点在高管培养和董事会甄选高管原则方面的系统性偏见。那些尸位素餐的首席执行官并不是真正的领导者，他们只是读读财务数据，把企业当成赚钱的机器来予以监督。他们没有意识到，企业是一个对环境影响极为敏感的复杂有机体。而且，这种偏见似乎导致了另一种偏见，即认为一个职能部门的负责人太过于了解另一个职能部门的业务是件奇怪的事情。

《执行》一书于2002年首次出版，在2009年再版，但它提出的观点今天仍然适用。不同的研究已经印证了它所讨论的许多问题——缺乏对自己管理的机构及其复杂内部机构的系统性知识，过于强调设定目标，高高在上，远离运营细节——仍是21世纪前20年商业世界的普遍问题。事实上，人工智能的兴起以及商业智能数量的爆炸式增长可能会进一步加强"数据领导者"——不了解操作知识，不知道业务的不同部分如何协同工作，只会研究数据的高管——的势力。

《哈佛商业评论》2021年5—6月刊的一篇文章引用的研究显示，许多董事会仍倾向于聘用不了解运营细节的首席执行官。该研究发现，未能在企业内部培养具备深度业务认知的候选人这件事，正在摧毁千亿美元级别的公司。更好的首席执行官继任计划可以使公司估值和投资者

> 未能在企业内部培养具备深度业务认知的候选人这件事，正在摧毁千亿美元级别的公司。

回报高出20%~25%。而仅在7.2%的情况下，外部聘请的首席执行官有60%的机会比公司内部的高管表现更好。作者引用的另一项研究得出的结论是，许多公司董事会"不理性地偏向于让人有新鲜感和没有缺点的外部高管，而这些新鲜感和完美不过是不熟悉带来的幻影而已"。[4]

在2021年2月接受英国《金融时报》的采访时，美国通用电气公司（GE）前首席执行官杰夫·伊梅尔特（Jeff Immelt）谈到领导一家涉及从涡轮机到金融服务等多个领域的大型公司的困难。他著名的前任杰克·韦尔奇为该集团打造了规模和复杂性，这在有利的市场条件下是种优势，但也导致公司的操作层面如此复杂，几乎不可能被个人，甚至是被小型执行团队完全理解。伊梅尔特用了一个词"一团迷雾"来表达他难以清楚洞察运营情况的感觉。伊梅尔特在文章中说："这一团迷雾，要么在有效运营，要么没有。"他认为，这种超大型集团企业在有利的市场中几乎可以做成任何事情，但当发生不利变化时，复杂性就变成了一种负担。他仍然捍卫大集团的逻辑，但也承认通用电气以前的工业业务、金融业务和NBC（美国全国广播公司）媒体业务组合是"一座太长的桥梁"。[5]

集团企业的不同业务部门可能有不同的首席执行官，不同的战略、服务和市场，但它们仍然以复杂和不可预测的方式相互影响。显然，同一单位或公司的不同职能之间的相互影响更大。

2020年底，在我为创作本书进行的一次采访中，丹麦能源和电信公司诺里斯的首席执行官尼尔斯·杜达尔说："你（巴利）教给了我一件我永远不会忘记的事情：好像丹麦人有一种偏见，就是如果你过度关注细节，躬身进入厂房，你就不可能是好高管，因为有身份的高管需要关注更高级别的东西，这才是成为最高领导者的终南捷径……（但是你）坚持说你必须了解操作一线的详情。我之前也以为，如果首席执行官想知道运营细节，只要雇个适当的人就行了。那时候我以为你是个疯子。但是18年后的现在，我可以清楚地看到这一点的重要性。（在诺里斯）我们有四个主流价值观，其中之一是了解机器的详细信息。我简直受不了那些停留在理念层面的高管，我真的很鄙视这一点。对工作细节的了解可以帮助你赢得人们的尊重。你需要能参与细节方面的讨论而不被当作外人……你需要快速掌握每件事情你想要了解的那20%。自认为可以只了解事情的2%就能有效地领导一个组织——这是不可能的。"

2013年，我参与的《经济学人》智库的一项调查强调，事业成败之间的微小区别往往在于运营和执行能力。那个报告的调查结论是："各公司之间执行力的优劣区别，比战略能力的优劣远为明显，是区分好公司和坏公司的关键要素。因为很少有企业的领导者擅长战略制定。"这项对全球超过587位高管的调研发现，在成功执行战略规划方面，高管的成功率低得惊人。战略规划和内部执行之间的鸿沟是巨大的。那些在高管参与度、反馈机制和资源分布方面得分较高的公司，实现了更强劲的财务业绩。研究还发现，61%的受访者承认战略难以落地，只有56%的战略尝试取得了成功。高级管理人员过于"微观管理"是一个常见的问题，但更严重且更常见的问题是高管对战略缺乏认同，以及高管与运营和项目经理的认知出现巨大断层。

研究人员得出的结论是："与其进行微观管理，最高管理层应该做的是确定哪些事情是关键的，并关注这些关键举措以及与战略目标直接相关的项目。虽然不同的公司在如何实施战略方面差异很大，但是该研究的受访者普遍反映，在有些领域最高管理层的努力是有价值的。这些领域一般包括监督、领导和支持战略举措，以及沟通。最高层管理人员还应特别注意那些对企业战略而言最重要的关键举措和核心项目。这要求企业的最高领导们深度参与高层决策——战略核心项目的认定、优先级排序，以及资源的分配——这些都是高效的项目组合管理的核心内容。"[6]

与《执行》一书十几年前的调查结果一样，这项研究的结论指向了管理实务中一些概念性的以及操作性的错误。企业是由各个专业团队组成的复杂的人际网络。每个动作都沿着网络的某个链条，在某处产生一个或多个反应，而这些反应可能是积极的或消极的，也可能是有意或无意的。在比较高的维度上，这一点看起来再明显不过，但对这一现实的正确认知，一直受到把公司看成一个个无生命的资产组这样的固有缺陷模式的阻碍，没有那么容易达成共识。这种无机的模式造成了鼓励割地自治、阻碍互助和相互了解的倾向。我认为将"硬"业务和"软"业务人为分开是一种错误且有害的概念，这一点我会在第 12 章更全面地讨论。这种划分是不合逻辑的，因为企业内部的一切都是相互关联的。如果首席执行官抱有这种心态，那么他的行为会不可避免地影响业绩，而这种影响远比上一季度财务数据的影响大得多。业绩和文化是同一个整体的不同部分。拉姆·查兰和拉里·博西迪在他们的《执行》一书中，对于高效的领导者在对待下一级管理者的时候如何在提供支持和提出挑战之间掌握平衡，进行了大量的细节描述。好的高管是在培育一种健康的文化，而不是只要求下属达到目标。"硬"方法与"软"方法被融合成一个自洽的整体，而不是将部分任意隔离开来。

在我的职业生涯中，有时我会被指责过度在意"细节管理"——这些指责在有些情况下是公允的，但毫无疑问，更多情况下是不合理的。我确实会经常问各种详细的问题，才能确保事情已经得到了适当的解决——无论要解决的问题是质量、包装还是其他各种各样的问题。我并不想指手画脚地告诉每个人他们应该如何完成他们的工作，我真的就是很好奇：如果有些事情在我看起来不太对劲，我会毫不迟疑地开口询问。我并不是个完美的人，也许有时我的问题太多了，但我从来都不是故意地想要进行微观管理。当我对自己是不是微观管理感到不自信的时候，我会听取商业导师的建议来让自己安心。

当我在21世纪初加入乐高时，公司的供应链确实是一团糟，而且也被当成了整个组织流年不利的替罪羊——你能够相信这样一个公司曾经被冠之以"浑蛋公司"这样难听的绰号吗？那些年，乐高是一个"病"得很重的组织。我可以非常确定的是，我必须马上修复供应链，而且我具备相关的经验来承担这个任务。但我还面临一个覆盖面更大的挑战：鼓励跨部门合作，培养问责文化，包括向供应链以外的其他部门提出棘手的要求。至少在袁威于2005年之后被任命为首席执行官、

鼓励跨部门合作，培养问责文化。

重整战略和运营之前，这家公司似乎无论如何都没法理解"企业是一个整体"这个概念。

部门竞争如此明显，以至于严重阻碍我们兑现承诺的能力。这个已经不仅是供应链部门面临的挑战了，因为从向市场承诺什么样的交付开始就存在严重问题。从设计部门到营销部门，从供应链到战略部门，各处都显现出了严重的功能障碍。

深入思考，清晰思考

我在乐高的经历对我提出了操作性和理念性上的双重挑战，还好这在我的职业生涯中不是第一次。我早期的职业经历主要是在制药行业的执行部门，那时候我目睹了让我觉得不合逻辑的操作，而且不是一次两次，而是重复出现；或者明知道这样做结果充其量是次优的，这些做法却仍被保留下来。习惯性的、重复性的错误似乎指向某种有缺陷的思维模式或者运营模式。

如果我们不能清晰地思考，我们就会被繁杂的事务淹没。如果我们不能准确地认识到这个组织究竟是什么，那我们就不太可能改进其方向和性能。本章的目的是强调如下理念：组织不是惰性资产和冷冰冰的部门的集合，而是一个活生生的有机体——如果有良好的领导和管理，组织就会充满活力和生产力；如果没有，组织就会机能失调和生病。可能有一些职能部门应该被外包出去，可能有人比别人更擅长对竞争优势至关重要的专业领域，但它始终是

> 组织不是惰性资产和冷冰冰的部门的集合，而是一个活生生的有机体。

一个相互关联的整体。如果你必须使用比喻来描述一个组织，最好使用有机体，如"器官"和"疾病"，而不是无生命的比喻，诸如"结构"等。

管理不是一件简单的事。在真实的不可预知的世界中，存在各种艰难的取舍。现实中的企业犹如人生，充满了意想不到的危险；通常，你没有足够的时间来收集所有你想要的数据和证据就得做出决定，因此很容易被直觉和习惯引导。鉴于此，对企业及其所面临的现实环境有清晰的认识就更为重要。如我们在第 2 章所讨论的那样，提升质量的主要障碍之一就是部门阋墙，它阻碍了好的想法被付诸实施。20 世纪以后的公司，普遍过于强调专业化和职责分离，而低估甚至否认部门间相互联系的现实以及人际关系的重要性。

大约 20 年前，当我在乐高开始我的职业生涯时，我发现公司面临巨大的危机——内部不同职能部门之间的分裂和冲

突，这本来是一家拥有优秀的产品和才华横溢、积极向上的员工的公司。我们如何扭转局面的故事为本书提供了许多案例研究材料。在我目前的企业家教练工作中，我知道类似的挑战在商业世界仍然过于普遍，但是下面让我们先回顾一下历史，即2002—2003年，我开始担任乐高北美包装部门负责人的时候。

乐高的教训

"你从来没有受过这方面的培训？"我拿着质量操作手册，指着一张流程图问乐高的生产线操作员。机器在车间里嗡嗡作响，我们不得不提高声音谈话。生产线是一排12~14个的振动碗，每个碗约1米宽，乐高积木在其中自动分类、计数，然后被扔进不同的袋子。

"没有。"生产线操作员回答说。

我把手册拿给主管，主管告诉我："我以前从未见过这个。"

乐高官方的质量操作流程在纸上看起来令人印象深刻，但问题是运营部门并不照做，或者甚至干脆不知道这些手册的存在。2002年10月，在我前往位于美国东部的康涅狄格州恩菲尔德——大约在波士顿和纽约的中间——开始担任乐高包装部门负责人的时候，这只是诸多让我感到头痛的问题之一。我被告知该公司的运行依赖一个名为 MRP-II 的系统，或称"材料需求计划"（又叫制造资源计划）。这是一个用于支持制造过程的标准集成信息系统。但我发现，这个系统不是真正的 MRP-II，而是一个特制的系统，操作时需要很多隐性知识。仓储和库存系统一团糟。我们有时候早上 8 点开会讨论已经收到的打包订单，但到 12 点才发现我们少了一些部件而根本没法交付。乐高的产品质量永远是完美无瑕的，如果你还有这个时期制造的乐高积木，请尽管不用担心！但包装总是出现问题。对称模型经常出现问题，比如《星球大战》宇宙飞船这样的，机翼部件不是一左一右对称的，而是两个左或两个右。我们的激励措施——主要注重效率和"每小时生产多少块"的生产力目标——出了问题，而这需要从根本上开始改正。

这段时间，整个部门看见我就头痛，因为我会随时停下机器来检查产品的质量和准确性。包装错误的产品将停止进入下一道工序。当我开始在恩菲尔德任职时，包装错误的产品会在一旁放置很久，我想要缩短到 24 小时。我开始强调快速纠正错误，从错误中学习，采取适当的补救措施，不允许问题一直留着没人解决。

我处理这些问题的方法就是20世纪80年代我在英国威康制药公司从事一线工作的重演。我理解什么是精确的库存管理，我不接受任何理由说乐高不适用于类似的强纪律的管理方法。左右组件不对称这样的错误永远不应该发生——想象一下，一个在圣诞节或生日收到《星球大战》模型礼物的孩子，打开一两天后才发现有零件缺失，他们会多么沮丧和失望！我对这种类型的错误零容忍。一位同事想出了一个简单的解决对称模型部件缺失的方案——指定两个振动碗分别用于左侧和右侧零件的挑选。我们在18个月内把这个问题的错误率降到零。

由于我在威康打下的基础，我对成本核算非常了解。当时乐高的成本核算系统不透明且非常难用。其中有一个参数叫作"净生产价格"，而我在这家公司的16年中，从来没有人能完整或令人满意地帮我搞懂它的计算过程。成本似乎可以任意增删调整。但根据我在威康的经验，我知道更高的数据精度是完全可能的。

低级错误令人沮丧，因为制造和包装乐高组件根本不是什么复杂的生产流程。乐高积木块的保质期长，耐温控制不是一个关键的问题，保持高质量标准也不是那么困难的事情。我可以看到的是一个在许多生产线上普遍存在的问题：过于复杂的流程。早期生涯教会我的要点之一是："我们的流程很简单。我们投入粒状原料，将其熔化成塑料，然后将其塑形变成乐高积木块和其他小零件，最后把它们打包并送到商店。"

我发现，在商业中，保持简单可不太简单，但这是一门非常重要的学问。

在恩菲尔德工厂，一个制造车间与销售和运营办公室在同一个区域，但两个部门的关系并不好。还有"比隆"，这本来是丹麦一个小镇的名字，乐高就是在这成立的，也是其总部所在地。当我在恩菲尔德开始工作时，"比隆"这个词已经带上了"监工"甚至"大妖怪"的意味，是一个在我们之上的家族权威，同时隐约带有不可描述的危险性。"比隆不会让我们那样做。"我听到人们说。或者："比隆已经决定了。"我有时候会挖苦大家："什么，整个城镇？市长？他们有没有投票表决？"更重要的是，我会询问具体细节：我们究竟能做什么，不能做什么？我们在自己的厂房里缺乏能动性和自主性。我发现没人愿意因给公司提高质量标准而给自己惹上麻烦。我坚持让我们对自己的运营有更多的控制权，而且没有人会因此被追责。与我一起工作的团队非常聪明，而且我喜欢他们的文化和产品；我毫不怀疑他们有能力做出我认为必要的改进。有些事情需要彻底改变，而且，正如我任职几个月内看到的不断恶化的财务数据，我们必须尽快改变。但我怎么去做这件事？我怎么才能委婉地告诉我的团队，他们的操作标准并不像他们想象得那么世界一流？

最后，我没有走"温和"路线。问题已经十分严峻。我必须确保整个团队的参与，但不能通过遮遮掩掩来实现。我会支持我的团队，我会在别人面前捍卫他们的利益，但我们必须首先提高我们的业绩——这将是一笔我和团队之间的公平交易。

> 定期开会是为了检查绩效并确保问责制。

我与我的直接下属建立了周会制度。定期开会是为了检查绩效并确保问责制。后来我们发现，原来这也是一场文化变革的开端。一个重要的时刻发生在我任职初期的一次会议上。有个质量问题，在前一次会议已分配给团队中一位相当资深的经理，由他负责解决，并约定在当周搞定。一周很快过去了，在第二次周会上这件事还没有完成。我问他为什么，他也无法给出解释。我说那对不起了，这是不能被接受的，并要求他立即离开会议去处理这个问题，第二天一早再向我汇报进程。

会议室里一片死寂。我不禁想，如果这时我拿出左轮手枪对人射击，也不会使这些人更震惊了吧。我感觉到大家并不支持我的做法。我会解决这个问题，但首先，我一定要表明态度。会议结束后，其中一个人私下来找我说："巴利，自你上任以来，你说我们应该诚实。好吧，我有一条反馈给你：你对待那个经理的方式不是乐高的做事方式。"

我尊重他直接告诉我这件事的诚实，但是决定坚持自己的立场。我坚信确保问责制是正确的。第二天，我再次找到他谈话并告知了他我的态度。"哦，"他回答，"我们将度过一段有趣的时光了！"

我的团队在兑现承诺和能力方面非常出色，而弱点在于流程和执行力。一旦这些得到改进，我知道我们提升性能的潜力将是巨大的。乐高品牌和产品能够燃起人们巨大的热情，我钦佩乐高员工们的能力和忠诚，以及他们的负责、守信和想做正确的事。我不需要去鼓励他们努力拯救公司——人人都想拯救公司，只是不知道如何下手。在2002—2004年的危机时期，一些同事离开了，但更多的人决定留下来，他们启发了我。

赢得团队信任

坚持诚实和问责制的众多好处之一是你会慢慢赢得尊重——只要你持之以恒地坚持原则、以身作则、一视同仁。如果我觉得我的团队受到不公平对待，我会代表他们和其他部门据理力争。2003年初，上天给了我一个在恩菲尔德分部建设问责文化和赢得团队尊重的一举两得的好机会。

乐高与NBA（美国职业篮球协会）达成了一项合作，制造一个篮球主题的乐高玩具，包括一个篮球场和一套作为球员的迷你人偶。这是一个营销团队大力宣传的活动。我们这些执行部门的人都知道这个活动，但从来没有人充分地咨询过我们的意见。直到有一天，我接到一个仓库经理打来的电话，他说："满了满了，全是篮球！"我走到仓库，发现那里已经被充满气的篮球塞得严严实实。篮球放在6米高、20米长的托盘货架上，满仓库都是，走廊也被塞满了。当时有员工调侃说："这些篮球里充满了中国空气——难道我们美国的空气不能充篮球吗？"这些放在方形纸箱中的、充满气的、直接来自制造商的篮球无处不在。我们发现，作为上面那个一揽子合作协议的一部分，乐高的营销经理向一家中国工厂下了订单，但他根本无权这么做。现在这个烂摊子被抛给我们来处理，但是我们也毫无办法，因为我们根本没有空间放任何其他产品了，工厂将不得不停工。我被气坏了。

但是，作为现场的高级经理，我总得做点什么。我首先打电话给下订单的那个营销经理。他其实谈了一笔不错的交易，价格很好，数量也很合适，但是送货应该分阶段进行，并且应该告知业务中的其他关键合作部门。他却告诉我说："这不是我的问题。"

听到这个，我决定帮助他把这个问题变成他的问题，所以我们开始把篮球搬到户外的停车场。我打电话告诉他："我们正在把这些篮球往外搬。这里没有保安。另外，如果下雨，这些纸盒包装会被泡坏。"

我打电话喊我的团队来帮忙。我们自己动手，把篮球一箱一箱往外搬。

这个行动引起了公司里一些人的不满，很多人来找我，但我坚持自己的立场。我的观点十分清楚，并且我要用自己的行为来清楚地表达它："我们必须建立正确的权责机制，必须有每个人都遵守的规则。以错误的方式做正确的事仍然是错误的，我们当然不能容忍，更不能让这种情况常态化。营销经理不能擅自下采购单。"

后来，我们商定了一个方案。为了解决眼前的问题，我们允许把篮球先运回仓库，但随后租用了一个40ft集装箱[①]来存放它们。同时，为了防止类似情况再次发生，我要求其他部门

---

① 40ft集装箱的尺寸约为 12.2m × 2.44m × 2.59m。——编者注

的同事坚持执行商定的采购流程。

虽然我的立场主要围绕坚持流程和问责制，以及管理部门之间的关系，但得到了一个良性的意外收获——我的团队开始钦佩我。他们觉得终于有人为了他们的利益而说话，他们聚集在我周围——这是一种明显和公开的姿态，他们把我当成自己人。

另一个关键事件发生了。乐高经常有新的产品线上线。在每个订单结束时，你必须检查、核对包装数量是否正确，以及库存记录是否准确，这样才能确保客户得到他们所需要的产品。这个岗位只需要简单的数字计算，但却非常关键。稍有闪失，就会对上游和下游部门产生各种影响。当时，我们刚完成一个《星球大战》套装产品的包装，几个营销人员下楼来，从生产线上拿走了一些作为样品展示给客户，他们随便拿了20个带走了，但是这却让我们的库存数据陷入混乱。这尤其令我恼火，因为我一直在努力改进库存管理的数据质量，并要求我的团队必须遵照流程行事。未经许可拿走产品，会直接影响我团队成员的奖金，因为他们的绩效与库存管理有关。我认为这是不可接受的。

"下次遇见这种事，给我打电话，我会出面。"我告诉我的团队成员。

那还是我们都用寻呼机的时代。几天后,我的寻呼机发出哔哔声。我结束了会议下楼,同事告诉我:"有人拿走了十个。我试图阻止,但他不听。"

我告诉我的同事:"你想找点乐子吗?跟我来,再找几个工人一起。"

我们一群人浩浩荡荡去了市场部——位于同一地点的另一栋楼。办公室的门关着,我随便敲了敲就推门而入。营销经理正在主持会议,人们坐在办公桌前,周围放着成堆的从货架上拿来的商品。营销经理的脸上是一种近乎恐惧的表情。我对我的同事说:"把你想要的东西拿走。"我们拿了6个——什么都没说,就又出去了。

当然,没过多久我就接到了营销经理上司的电话。我解释了事情的缘由:发生了什么、我已经告知过他们不应该直接从生产线上把产品拿走,因为这样扰乱了库存管理和订单数据,并意味着我们的库存数据对不上,导致我们的员工被扣奖金。从那以后,营销人员自己进入生产车间拿东西的事情再也没有发生过。

在这些对抗中,我并不是试图制造部门间的对抗或竞争。这是一个树立自信的案例,而不是地盘争夺战。当然,我也知道,如果你变得过于自信,这种事情就会有演变成部门对抗的风险。我坚信伙伴关系必须基于平等和尊重。如果一个公司被运营部门的员工称为"浑蛋公司",以及允许人们随便进入生产车间并拿走东西,表明这个公司对运营部门缺乏尊重。我的员工很喜欢我持有的立场,在此之后,我们也与营销部门的同事建立了良好的合作关系。这种谈判类似于我们与零售商等客户的关系,这一点我将在本书第10章讨论。我们的利益高度重叠,但并不一样。为自己挺身而出不一定代表了恶意——当然,一定要找到平衡点!

> 为自己挺身而出不一定代表了恶意——当然,一定要找到平衡点!

我在恩菲尔德的一位美国下属在这期间的一次员工会议上曾对他的同事说:"看,巴利是我们的四分卫,我们必须保护他。如果我们言出必行,兑现我们的承诺,那这就是我们支持他的方式。他也会为我们做一切努力。"

总结

2003年，乐高是一个"病"得很重的公司，这种病几乎蔓延到所有部门，但它仍然有一些了不起的人、出色的产品和大型国际粉丝群。显然，有些事情严重出错了。同样明显的是，这家公司还有很大的潜力可以起死回生。本章的主题是，公司就像一个有机体。这是一个比结构化的工程设计图更准确的比喻，但它必须被小心使用。这并不意味着培养有机体的方法是单一的。你会从案例研究中看到，员工发挥潜力和责任心与为他们提供支持和心理安全至少同等重要。这意味着部门之间需要合作，但这种合作必须基于相互尊重，这需要各个部门都能有魄力。

企业的存在主要是为了给消费者提供服务或产品。在乐高危机期间，我们的许多部门以及在许多方面都是失败的，所以必须进行整体改革，以使公司有可能重新焕发生机。因此，我们这些供应商必须成为平等的合作伙伴。我们已经证明，这对于战略更新（第5章的主题）和兑现我们的承诺同等重要。

本章的主要原则

- 企业始终是一个复杂的、相互关联的有机体，不是一组死的部件。每一个动作都会在系统的某个地方产生反应，包括那些出乎意料的突发事件。

- 领导一家企业与管理一家企业是不同的。高管需要避免成为过于专注日常事务以至于失去大局观的人，但更常见的问题是，他们缺乏足够的操作层面知识，使得精细的运营在他们眼中变成了通用电气前首席执行官杰夫·伊梅尔特所说的"一团迷雾"。

- 执行力比战略更能让公司与众不同，因为擅长执行的企业领导者更少。

- 企业内的所有职能都直接影响整体。

- 外包供应商和合作伙伴都是更广阔的生态系统的一部分——责任不能被外包。

- 系统的所有关键部分之间都需要健康的协作。这意味着诚实、深入的对话，并允许表明不同意见，同时尊重他人。

如何实践上述原则

- 高管需要就工作细节详细地询问运营负责人,以确保对业务运作有一个很好的了解,不仅要了解那些出了岔子的事情,还要了解那些正在健康运行的业务。询问的问题包括内容(数据、定量信息)和原因(根本原因是什么)。

- 提出的问题必须始终从整体视角来解决,而不是只解决单独的问题或者单独的个人。以防止出现替罪羊,或其他形式的不公平或视野有限的判断。

- 所有功能部门都要相互协作。系统某一部分出现故障的原因可能在于另一部分的功能障碍。例如,一个设计不受欢迎,可能是因为市场调研不充分,而不是设计部门能力不足;制造中的质量问题可能是由于技术差距、制造缺陷或低质量的原料,或几个因素的组合。

- 平衡支持与问责。在与部门负责人和其他关键部门管理人员的谈话中,高管需要严格设置标准,但也需要负责确保为他们提供心理安全,以及确保员工有足够的信息和资源来完成工作。

寻求帮助

不是示弱

第 4 章 CHAPTER FOUR
学习的长期利益

我在威康制药公司从事管理工作初期，我曾充满信心、满怀希望地申请晋升，结果失败了。一时间，我感到非常沮丧。我以为我能够成功避免因情绪沮丧导致日常工作表现不佳，但我不自觉地和其他因为升职失败而沮丧的人走到了一起，我们关于公司及其前景的看法变得负面。我们的口头禅是："这不公平。"当你感觉受到伤害的时候，获得同情和分享不满可能有舒缓作用，令人愉快，但这只是暂时的。我开始感到不对劲。作为人类，我们倾向于朝着我们反复出现的想法和对话的方向前进。我意识到，如果我接触的最多的叙述是与挫折、借口和责备他人有关的，如果我整日与放弃雄心的人交往，这可能会阻碍我的进步。所以我有意识地决定改变我的社交模式，并开始重新发掘雄心壮志。

内在优势、能做出正确的决定，并从错误的——至少是那些没有成功的——决定中学习，这些多种能力的组合构成了你的个人韧性。身处贫困和受歧视环境的人有一个与之矛盾的优势，即他们确实适应能力超强，并容易忍受和克服不受欢迎的事件。而我在另一些人身上观察到的现象则是，他们期望社会和经济生活可以——或者实际上应该——连续数十年保持良性运转、稳定和可预测，而这个期望是不切实际的。2020年，在新冠肺炎疫情大流行期间，一些评论员将这一年描述为"异常可怕的"，并渴望回归"正常"。但事实上，繁荣的中断是正常的。不幸的是，悲剧、意外、流行病、经济衰退和战争等事件都是现实世界的一部分，而2020年可能远远不是现代史上最命运多舛或者不可预测的一年。

我在威康工作期间，它被英国药业巨头葛兰素公司收购了。如第2章所述，这是一个巨大的颠覆性事件。对那些职业生涯的大部分时间都在威康的职业经理人而言，他们曾期望这家家长式的公司保持所有权稳定，并为他们的下半生持续提供稳定的工作和生活。因此他们无法应对公司被收购以及后续的巨大变动。我承认，当时葛兰素公司的新任管理人员采取的一些措施过于笼统，甚至有些粗暴，但值得注意的是，当时一些被裁员的人认为他们的工作和生活彻底结束了，再也没有寻找过机会。我认为这是非常可悲的事情。

我年轻时的志向是模糊和蒙昧的。我当然没有告诉职业顾问我打算成为一家名为"乐高"的著名玩具制造公司的高管——我小时候可没机会玩乐高！但这样也许是更好的安排。后来，我遇到一些MBA（工商管理硕士），他们都有一个精确的计划——在一定年龄成为经理，几年升副总裁，45岁左右做到首席执行官——连从哪个部门升迁都策划得一清二楚。我心中有点发毛，担心这些年轻人对生活中的意外事件毫无准备。有雄心壮志是值得称赞的，但也要有一点灵活性，以防A计划偏离预期——这种情况总是发生。

有时有人问我，我在社交和事业中的自信心从何而来。这个我无法提供确定的答案，它一直都在那里。作为一个20世纪六七十年代在肯特郡长大的年轻人，融入社会是一件不容易的事情，夹杂着焦虑，但我记得我能够直面自己的恐惧并鼓励自己不断跨越边界。我有亲密的家庭关系，结交了一些朋友。尽管如此，我仍然经常感到孤独，对印度一直抱有思乡之情。前文提到过，有时我会遭受最骇人听闻的种族主义者的粗暴对待。随着年龄的增长，我和我的朋友们开始晚上出去玩，我无意中听到谣言说镇上的一些酒吧拒绝为亚洲人服务。当我们前往一家旅馆时，我总会感到恐慌，害怕被拒绝接待，我的心因此而狂跳，尽管这从来没有发生过。奇怪的是，度过这段时间后，我的信心似乎增强了，有一种无论走到哪里，都能够克服障碍，能够被接纳的感觉。我有一种倾向，如果我被警告说有些地方我不应当去，或者有人说"你不能那样做"，我反而可能把它看作我希望克服的挑战，所以虽然我十几岁的很多经历在情感上会让人很不舒服，但是克服这些困难和偏见，可以让我获得韧性和独立的思想；此外，我的家人一直非常支持我。即使面对所有的挑战和挣扎，我也不想回到印度，我觉得我可以在这个社会取得成功。我也非常幸运在很年轻的时候就找到了我生命中的挚爱。萨提和我相遇、坠入爱河并结婚，我们今天仍然在一起，两个孩子也已成年。

我就读的戈登学校的老师友善而且总是鼓励我们，校长很和蔼并且在当地相当有影响力。那时候发生的对我影响最深远的一件事是：我有幸坐上校长的 E 型捷豹搭了一程顺风车。当时，我们学校教师的板球队缺人，而我们与城镇另一边的圣乔治学校的客场比赛迫在眉睫，有人建议我上场凑数。校长得知我入选后，在走廊里见到我时问我："你知道怎么去那里吗？""我不知道。"我回答。"那你就搭我的车吧。"他说。这对我而言自然再方便不过。前往圣乔治学校的路只有两三英里，穿过城镇，没有乡间小路，没有任何飙车的机会。我踏进这款经典的高性能双座跑车，它的淡金属蓝色油漆在阳光下闪闪发光，我沉入副驾驶真皮座椅，听到发动机启动时低沉的轰鸣声。对一个男孩来说，这是多么令人兴奋啊。这让我开始想象，未来我可能拥有一辆E型捷豹——这是个多么令人兴奋的幻想！（后来我终于实现了这个梦想——我成了一辆1967年的老式E型捷豹的第三任它主人，它状况极佳，颜色和我梦想的一模一样，就放在我房子前面专门为它建造的车库里）所以，当学校的职业顾问建议我做一名水管工时，我默默地反抗。我对水管工没有冒犯之意，他们从事的是一项熟练而重要的工作，但我的心中开始萌发不同的抱负，虽然在那个年龄阶段我没法具体阐述。如前所述，我没有一个明确的职业规划并且铭记在心——成为这种类型的公司的首席执行官或其他行业的初创企业家，等等。我的雄心壮志更像是有一个循序渐进的过程：我要有所成就，并充分利用出现在我面

> 充分利用出现在我面前的机会。

前的机会。

当时，在 20 世纪 70 年代，戈登学校还没有六年级，人们期望你在 16 岁参加完所谓的 CSE 考试之后离开学校业。英语考试系统当时是双轨制：那些被认为更适合走学术路线的去考 O 级，其他人去考 CSE。在我的记忆中，只有一小部分学生继续学 A 级课程并在 18 岁毕业，上大学的人更少。[①] 历史数据证实了这一点。20 世纪 70 年代中期，在校学生完成三个或更多 A 级课程的只有 6%，这个数据到 21 世纪初上升到 20%。大学入学人数也有类似的趋势。[7] 我希望继续深造，所以我进入了附近诺斯弗利特的春晓（Springhead）技术学校学习 O 级课程。但是，当我意识到 A 级课程需要再学习两年时，我选择在 17 岁离开学校开始工作挣钱。我最初在诺斯弗利特 AEI 电缆厂做生产线操作员，后来，我在威康获得了类似的职位。这使我有机会获得第一次管理角色的晋升。

对自己的学习负责

我给我的孩子们最重要的一条成长建议就是，把每一天

[①] A 级，即 A-levels，高级水平考试课程，类似于中国的高中课程；O 级，O-levels，普通水平考试课程，类似于中国的初中课程。——编者注

都当作学习的机会。现在我把这句话送给本章的读者。不用做出假设，也不要用实际证据检验自己或他人的想法，要保持探究的心态。不要想当然地以为一个简短的音频就能够讲述一个准确的故事，要始终认识到你还有更多要学习的东西。我从那些感到沮丧的人那里听到过这样一句话："我已经担任这个职位两三年了，但我还没有学到什么。他们没有提供任何课程。"我觉得这个观点匪夷所思——不断地学习是你自己的责任。当我听到这样的观点时，我感受到的震惊很难一言以概之：你永远可以自己寻找课程，或者买书自己学习；但不仅如此，从根本上说，你工作生活中的每一天都给你提供了大量的学习机会——思考一下如何能改进你的服务，或者你如何能获得更丰富的信息，或者你的技能如何增强。生活本身就是一所内容丰富的学校，有能力的管理者将自己视为持续改进者。一个人可能会上大学并获得一流的学位，但这并不能保证他具备常识。对商业中的领导角色而言，战略最好被理解为一个探究和发现

> 被动地期待被仁慈的、身居高位的人赐予"学习机会"，这种想法不仅不现实，而且可能害了自己。

的过程，这一点我们将在第 5 章详细讨论。被动地期待被仁慈的、身居高位的人赐予"学习机会"，这种想法不仅不现实，而且可能害了自己。

我的家人一直非常具备创业精神，但我必须承认，作为一个年轻人，我没有成为一名成功的企业家——至少，我在经济上并不成功，虽然我的从商经历具有珍贵的教育意义。我和妻子萨提都来自商人家庭，我的家人在零售业，萨提家则从事服装贸易。我看到了一个创业的机会：从市场摊位销售衣服开始。这个生意的资金门槛很低，投资主要用于购买衣架、防水油布和车辆。因为是家人，所以库存是赊销的，我只需要在衣服卖出的时候结算，所以我买了一辆面包车，并开始出摊。

开始的时候我们只在周末出摊，但是后来我立志成为一名企业家，我们决定我应该辞职，并全职开启我的卖衣服业务。然而，我发现这个行业利润率很薄而且赚钱艰难。下雨天或寒冷天气的业绩更是惨淡，我们无法在繁忙的、需求更大的达特福德或者格雷夫森德市场租到一个摊位，所以不得不开着车去郡里的不同地方，比如像法弗舍姆和马盖特这样的小城镇，但那里的顾客流量会更小。有时，你会花 8 英镑买汽油，花 10 英镑租摊位，但是一天的收入只有 10 英镑。这不是个能够养活自己的生意。此外我还学到，过度依赖单一供应商可能会对生意造成损害。

我在市场中摆摊失败的经历令人失望，但我并没有被压垮的感觉。我那时候年轻，仍然对自己的能力充满信心，并且抱着务实的态度。每一次失败都是一次学习的机会，如果你停止学习，那你就完了。我在生活中学到，而且我相信许多其他人也已经学到，因一次成功而沾沾自喜，或因为一次失败就垂头丧气，都是错误的。在我生命的这个阶段，我既没有时间也没有机会自怨自艾：我已经组建了家庭，我开始重新考虑我的抱负，转而选择了资格考试和职业化道路。

我在威康工作初期，我的儿子还小，我和妻子再次尝试做零售商。萨提和我开了一家卖手提包和行李的小店，就在高街的家庭杂货店隔壁。妻子放弃了全职工作而努力成为母亲，这个商店能让她在带孩子之余做点运营的工作。然而，这并不成功，一年多后我们就关门了。由此，我又学到了一个重要的教训：现金为王。为了这个生意，我们重新抵押了自己的房子，所以面临一系列的债务问题。我再也不会用债务融资来开办具有风险的企业了。我决定重新回到职业路线，加倍努力赚钱，但我也决定，没有必要因此而扼杀我好奇的天性和对创新的热爱，我只是把它们带到我的职场。最终，这些特性帮助了我的企业，从而帮助我获得晋升。

我还决定，由于我在 17 岁离开学校时通过的考试很少，我需要考各种资格证书，所以我报读夜校，学习工商管理，首先获得了英国国家高级证书（HNC），然后是伦敦南岸大学的学位。威康慷慨地帮我支付了学费，之后，我申请并获得了我的第一个管理职位。

在晋升管理层之前，我开始用晚上和周末的时间开出租车来养家糊口。在开出租车时，我会遇到对学习略带嘲讽态度的司机——在夜校里也会遇见持有类似态度的同学。在出租车里等客人的时候，我会读汤姆·彼得斯、查尔斯·汉迪或其他一些管理学大师的作品，这会引来其他司机的嘲笑。类似地，在学校我惊讶地遇到了一些对学习持反对态度的同学。对他们来说，勤奋好学被认为是书呆子行为或不酷。我一直不明白，为什么求知欲或野心好像对一些人而言是值得羞耻的事情，我坚决忽略这些人，同时也想知道，是否能在以后的生活中得到机会，向这些同学证明学习的长期利益。

隐晦的种族主义仍然是种族主义

在我待过的团队中，我几乎总是唯一的亚裔或有色人种，这一点一直具有挑战性。我偶尔会听到贬低或歧视的声音，我的一切都可能被人戴着有色眼镜评论，我永远要面对抉择：是正面硬刚，还是沉默地让事情过去。如果你什么都不说，不公平会加剧，并且使公平和任人唯贤的文化遭到破坏；如果你正面回应这些态度，你可能被视为激进分子或受害者。这中间的平衡十分微妙，并且挫折感会不断累积，这也导致了我多年来的内在焦虑。

甚至在一些自由主义的媒体评论员中，人们也可能会看到带有明显偏见的评论，比如对有色人种的偏见被认为是正常的，而对此激烈抗议的人则被视为政治激进分子或"刺儿头"。这是一种非理性和有偏见的框架：我们应该将平等视为正常，将偏见视为不可接受的政治极端立场——即使这些偏见是微妙和隐晦的。我们的社会在这方面还有很大的进步空间。

在乐高，有一次我向我的美国团队汇报时，一位女同事问我有多少女性经理出席了会议。我回答说已经有四五位了，然后质问她，为什么从来没有人指出我是管理层中唯一的非白人。当然，女性代表的提问是完全正确的，但对我而言，这又是一个很明显的例子：组织内的人关心某些形式的公平，但对其他方面视而不见。

在这个问题上更有效的干预措施之一出现在我还在上学的时候。这是一次痛苦的经历，我的一个朋友发表关于亚洲移民的贬低评论之后，转向我说："但是巴利，你与他们不同。"我回复说，你的评论，尤其是这条评论，才是异常冒犯的。值得称赞的是，他向我道歉了。不仅如此，他在几个星期后找到了我再次道歉。相比之下，多年后，我听到制药公司里受过高等教育的经理们也表达了类似的看法，但他们却全无敏感度或者悔意，这才是难以原谅的。近半个世纪过去了，这种用礼貌、理性的方式去回怼偏见的方法仍然是必要的。

寻求帮助不是示弱

韧性和自信是管理者的必要美德，但需要避免成为过度自信的牺牲品，更不能因为过度自信而导致严重的误判。以健康的方式对自己的知识充满信心，意味着能意识到自己的知识局限。在自信和谦逊之间找到平衡是经理人需要面对的日常挑战。那些认为自己永远正确的人，明显会将自己置身于傲慢和过度自信的风险中。而过于顺从和优柔寡断则会造成不同的风险，比如容忍疲软的业绩，或者削弱问责制的权威性。我的方式是：当有数据和证据支持由经验得出的观点时，采取果断态度；而在需要更多信息的地方，毫不犹豫地询问他人并承认我需要建议。我对坦诚地说出"我不知道"毫无心理障碍——不会寻求帮助才是一种隐性的弱点。

总结

我早年的生活与我后期合作的大多数经理人的生活截然不同。然而，本章适用于任何背景的职业经理人。所有有抱负的高管都必须面对挑战，而本书所讨论的许多管理学知识是通用的和永恒的。每个人都应该对自己的教育负责，并发现这种对于教育的投资是有益的。每个人都应当在自信和谦卑之间找到适当的平衡，提出正确的问题，在应对挫折或悲剧发生时表现出韧性，并在经历成功的时候保持脚踏实地。每个人的经历都不一样，每个人都会有自己不同的内在优势，了解自己的优势和弱点永远是有用的。个人韧性不像会计或工程知识，它不能被教授，是一种需要作为生活经验的一部分而培养的品质。然而，这并不是说你不能变得越来越好。

本章的主要原则

- 每一天都是学习的机会。

- 我们倾向于遵循内心的叙述，所以如果你的内心叙述总是自怨自艾，你需要调整，否则，你可能会发现自己会陷在由其他同样因自怨自艾和委屈而退缩不前的人组成的圈子里。

- 了解自己的知识局限以及知道何时何地应当寻求帮助是一项重要能力。

- 学习主要是个人的责任。

- 如果你遇到偏见，这不是什么大不了的事儿，而且通常有必要适当地正面回怼这种偏见。

- 那些遭受过偏见或经济损失，或两者兼而有之的人，可能获得更好的应对逆境的能力；因为他们比那些一帆风顺的人更早学会了如何应对逆境。

如何实践上述原则

- 在经历了重大挫折之后，承认自己遭受了痛苦是有用的，这种痛苦可能是一种损失，甚至是羞辱或创伤。另外，要留出时间理性反思并反问自己：我从中学到了什么？这件事情造成的损失在多大程度上是由于我的错误决策？下一次我应该怎样做不同的决策？

- 对身处西方白人商业世界的有色人种而言，这个世界上没有关于何时、如何面对种族歧视的万能指南。礼貌和理性地回怼偏见是有用的，同时这也能帮助对方更好地领悟人生。你并不总是能够点醒对方，但有的时候你可能在一些看似不太可能的地方获得小胜利。
- 保持探究精神是无价的：永远要挑战假设，永远要检查证据。这是管理者提高个人韧性和管理效率的法宝。
- 抓住机会。尤其是寻找机会去学习，而不是等待别人作为奖品或者津贴提供的培训。

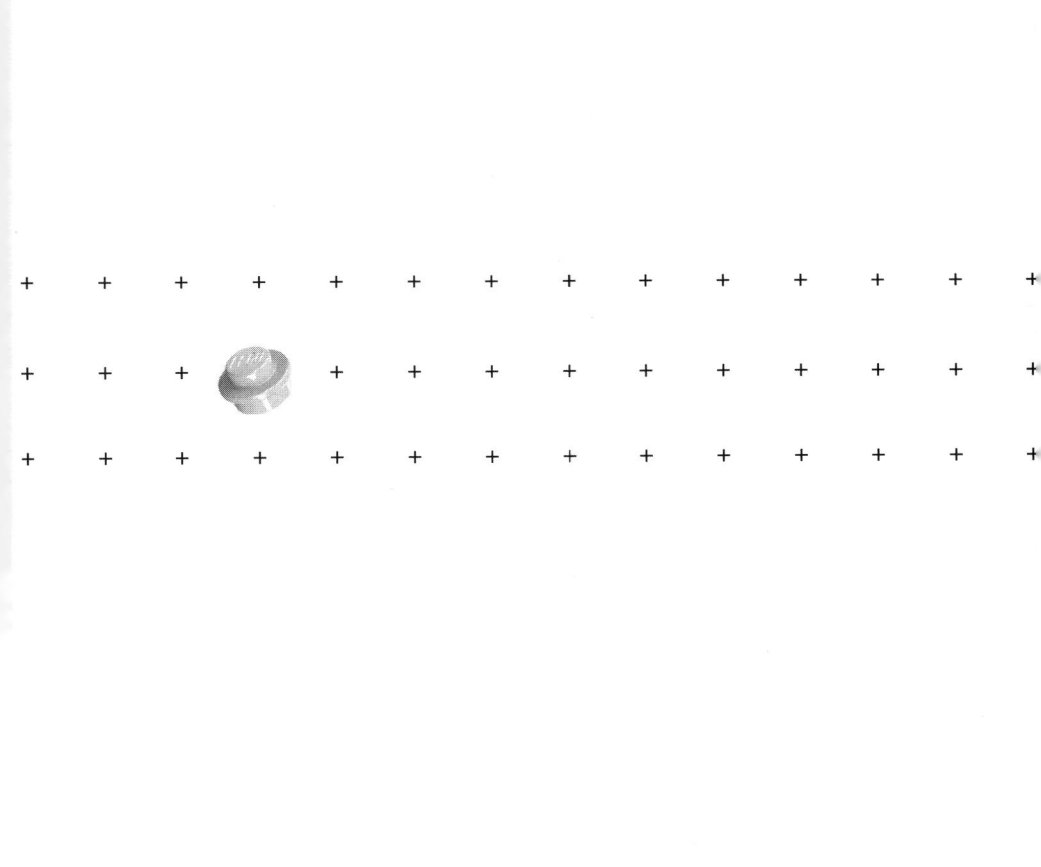

清晰、单一的战略

第 5 章 CHAPTER FIVE
战略是逐渐形成共识、持续试错、调整、迭代的过程

我几乎可以肯定，大多数从商学院毕业的聪明人都想从事战略工作。同样确定的是，只有少数人能得到这样的机会。战略很性感，它很酷、很有趣——能够塑造未来。难道有人不会因此而兴奋并跃跃欲试吗？如果你把"商业战略"这个词输入Kindle的搜索框，目前能得到足足400页的搜索结果。

虽然明智的战略对企业成功至关重要，但只有战略是远远不够的。很多企业都有一套绝妙的战略构思——自洽和连贯，但仍然失败了。在我的职业生涯中，我反复观察到的是对于战略的过度崇拜，视执行力为初级能力，甚至是"低级的"。这

种偏见根深蒂固。例如，在我在乐高的职业生涯早期，我将一个会议的名称从"运营更新会"改为"战略更新会"，然后就看到高管的参会率大幅度提高，哪怕会议的形式和议程从来没变过。也许这种态度在封建时代就已经开始了：人们喜欢在庄园里制订计划，而不是在田里劳作。但是到了现代，在一个先进的，具有高水平技能、知识和合作的经济体里，仍然用这种思路划分企业职能，无疑是太不合时宜了。

过度迷恋战略是要付出代价的：其一，不可避免地淡化运营和交付的重要性——无疑会导致惨重的代价；其二，为了满足商学院毕业生对于浮夸和引人注目的战略的集体幻想，可能会歪曲本来应该诚实和负责任的执行动作。讽刺的是，尽管商学院毕业生们那么热爱战略，终日大量阅读战略宝典并研究案例，但在我漫长的职业生涯中，战略仍然是我遇见的最常被职业经理人误解的商业分析问题之一。这种误解有两种常见的表现：一种是过于偏向专制和保密；另一种则相反，过于民主和不受控制，允许每个职能部门拥有自己的战略。

在一个真实的、有活力的、适应性强的企业中，你确实需要一个清晰和单一的战略，但它不是一个由精英团队秘密设计的固定模板，而更像是一个高级团队与组织的其他成员之间，更重要的是，与客户及外部世界的其他合作伙伴之间的持续对话。人们逐渐形成了一种共识，认为战略是一个持续试错和调整、迭代、适应的过程。这是一个长期过程。在本章，我将基于个人经验和主流知识分子的观点阐明这一理念，并探讨一些阻碍这一进程的错误理念，我将其称为"战略作为一个刚性计划"的误解和"人人必须有战略"的误解。

"战略作为一个刚性计划"的误解

战略可能被误解为一个僵化的计划，由一小部分高层领导者制定，然后在整个组织中自上而下地实施。这种思路认为战略的传达是一种单向的沟通练习，与此相关的常见用语有："推出""上传下达"等。在良性和稳定的条件下，在可预测的市场环境中，这种方法可能是有效的。但这些前提条件是永远无法保证的，而且在快速发展、技术发展和政治不稳定的时代，这样的环境变得越来越少。这类的叙事可能会出现在 MBA 课堂，但不会出现在动荡、政治博弈和不稳定的现实世界里。

我把公司理解为一个有机体，这个比喻是我在准备这本书时与伦敦商学院的朱尔斯·戈尔达（Jules Goddard）博士的谈话中产生的灵感。他描述了健康的组织应该如何不断发展。他认为，很多业务一下子改变太多，人们被那些令人眼花缭乱的新东西诱惑，结果眼大肚小，无法消化。虽然未能更新和适应变化对于企业可能是致命的，但每次变革必须针对最优的、专注于企业生存和成长的东西。进化是个渐进的更新、实验和适应的过程，在整个过程中需要同时注重核心有机体的健康。因此自然界一直在连续性和变化之间保持着微妙的平衡，无论周边环境如何变化都能完美地适应。

不仅如此，进化是个整体的、沉浸化的过程。在21世纪前20年，越来越多的人用"生态系统"来描述数字化、平台化的公司网络。这个

> 进化是个整体的、沉浸化的过程。

比喻同样适用于商业社会的其他许多复杂的业务和公司的进化。

我强烈认同这个概念，因为它完美地描述了我们在乐高使用的方法。在前面的章节，我已经描述了许多执行层面的功能障碍，这些问题是由于公司的战略失误造成的。在我加入公司前不久，1995—2003年左右，公司有一个持续、无秩序的创新时代：数十种全新的产品，与乐高用积木建构的理念背离，也与最忠实的消费者脱节。那段时间的创新和变革几乎摧毁了乐高的核心业务。修复一家这样的公司需要一个更好的战略，而新的战略需要与运营结合，需要员工、经理和客户紧密合作，同时需要改善纪律和执行质量。

健康演进的商业战略模型有三个显著特征。

第一，对变革要做好持续和基于经验的准备——有机体应该不断被评估、探索和实验，以发现不同方法是否会更有效。维护这个过程需要持续的纪律约束。

第二，实际的变化是当时的最优选择——过程中要保证公司的正常运转，并且保留仍然合适的部分。

第三，进化过程是整体的——整个有机体应该沉浸式地参与进化动态。

在戈尔达博士看来，公司的领导层应该不断地进行实验和迭代，就像科学研究一样。他补充说："圣埃克苏佩里说过，将我们区分开的不是我们的目标——它们都来自同样的东西——而是方法，这是我们推理的结果。"这句话同样适用于公司战略和价值观。你不需要辩论仁慈是不是比残忍要好，这些是给定的，但如何执行仁慈，也就是如何区分成功和失败的细节，如何从失败中获得成功，取决于执行。商业策略也类似：策略总是完美的。没有人说他们一出门就想破坏股东价值，就想打击员工的积极性，或者激怒顾客。而细节——如何在日复一日的生活中做个好企业——却是复杂和困难的。

领导力是必要的，而且必须能够调动整个有机体。企业必须有一个战略，但战略需要能够随着环境的变化适应现实。战略的执行不仅是一个不假思索的强力推动、一个一次性的练习，而且是一个持续探索、实验和评估的过程，一个由实践智慧和理论塑造的过程。董事会和相关部门高管是带头人，但业务的所有部门都必须参与对话并乐于分享他们学到的认知。正如戈尔达博士所补充的："执行优先于战略。我们通过实践才能发现什么是有效的……战略是天花板，而不是地基。"

制定和实施战略的过程，更多的是提出问题而不是设定目标，更多的是一个探究的过程而不是事前预测。在通过实操对这些问题一一做出解答的过程中，我们的战略将逐渐演变。

我们人类是一个热爱故事的物种。商业世界中很多管理层一厢情愿地认为自己只以证据和数据为依据做决策，但实际上，我们的大部分想法是为了符合我们脑中自圆其说的故事。这意味着我们必须不断内省和检验我们对现实的理解。在不可预知的现实中治理或管理一个真正的企业，意味着战略和执行很少能被清楚地分割开，它们就像一个巨大的绳结球，紧紧地缠绕在一起。我在乐高危机期间担任高管时，它的情况就是如此。当运营、设计、营销和战略职能部门都处于功能障碍状态的时候，多个问题彼此交织，某些部门和某些人可能被当成替罪羊。无疑，公司需要一个更好的战略，但这并不能一举解决所有问题。而且，在当时的情况下，如果不能解决其他问题，那即使制定了更明智的战略，也可能只会把公司带入一个更长的"死亡螺旋"阶段。本章末尾的案例分析中，将对这些问题及其解决方案进行更全面的讨论。

21世纪20年代，随着数字经济的进一步崛起，战略制定者和运营高管之间的沟通流程需要进一步简化，因为不断调整、测试和完善的周期也在变短。战略需要在内部与外部持续对话的帮助下不断完善。我对我所辅导的初创公司的首席执行官的建议是，由于市场越来越容易变化，处于几乎不断动荡的状态，因此公司不仅要改变，而且可能经常需要重新定义。但是，正如我经常要提醒他们的，这并不意味着一切操作层面都需要改变，或者每一个新想法都自然比旧的更好。

"人人必须有战略"的误解

与把战略当作一个僵化的模板或刚性蓝图相比，"任何事情都可以尝试"的无计划性可能更具破坏性。如果让部门分别制定自己的战略，那很容易出现过多的部门间竞争。在21世纪初期，乐高公司缺乏统一连贯的愿景和战略，导致部门战略的无序化，每个部门都有自己的想法。当我质疑这一点时，我会受到反驳："但我是个副总裁，负责一个部门。你难道在说我不应该有自己的战略吗?"我的回答是:"是的。"甚至直到2005—2006年,公司业务进入好转期的时候,每个部门仍然有自己的战略——如果你仔细研究,会发现它们是相互矛盾的。例如,渠道负责人制定了在线战略——但没有考虑IT部门或销售部门。作为一个计划,它有自洽的连贯性和价值,但无法调动关键合作伙伴,最终被丢弃。

乐高首席执行官袁威从乐高转型初期,就敦促我制定供应链战略,但我拒绝了。我认为需要先稳定供应链部门的执行能力。我需要更好地了解存在的问题和挑战。通过多次谈话——也可能是因为他在麦肯锡期间受到的训练促使他详细了解了真实业务的信息和数据——他慢慢明白了我在说什么。他能够保持开放的态度和倾听我的不同观点,我认为这一点值得高度赞扬。由此,我们进行了非常丰富和深入的讨论。

我们从这里学到的是——与我们第3章的主题再次呼应——企业需要被当成一个完整的、运作良好的有机体,每个组成部分都服务于核心战略,履行其职责并相应地与其他部分协调。

对上面这两个误解的祛魅,使得商业格局一下子打开了。在乐高,我们花了几年时间,终于慢慢让人们从这些迷信中解脱了出来;此外,还要解决一系列的并发问题:因为

1995—2003 年的一些创新其实有很多优点，比如乐高商店和主题公园的创意。即使在万事顺利时，也并非一切都是完美的；同理，就算在危机期间，也可能会有一些有希望发展的好点子，需要我们进一步培育而不是盲目废弃。

管理者和商学院可能比较喜欢这样一个观点：执行力应该以部门为单位进行优化。我们在乐高发现的是，这也可以促进创新、创造力提升和战略演化。执行决定战略，反之亦然。它们是一种共生关系。从供应链开始，我们优化了每个部门的执行力，确保我们获取的信息代表真实市场状况。一定要明白，战略规划需要建立在充分了解执行信息的基础上，而不是让每个执行部门制定自己的战略。这是一个微妙而复杂的问题。

乐高的战略优化

2005 年 9 月也许是我职业生涯中最重要、最危险的关键时刻——可能也是乐高这家世界上最受欢迎的玩具公司发展历史的关键节点。就在此前一年多，乐高 2003 年度的亏损令公司的所有人、周围众多的观察者和全世界粉丝震惊：销售额下降了 26%，营业额 68 亿丹麦克朗（约 10 亿美元），亏损达

9.35亿丹麦克朗（约1.5亿美元）。这份惊人的业绩公告经由网络传遍了全世界。克里斯蒂安森家族垫了钱，才保证公司在2004年能够继续支付员工的薪酬，因此，2005年圣诞节销售季的业绩至关重要。"成败在此一举"这句话可能很多人说过，但它完美而完整地描述了乐高在2005年最后几周的状态。如果要证明战略是有效的，那它应该能够帮助公司走出赤字。如果当年业绩仍然惨淡，公司必然破产。

很多业内人士都知道，乐高公司的所有者克里斯蒂安森家族一直在为公司寻求一个核心的、指导性的战略。大家都预料到，重大变化将会来临，并在2004—2005年公之于众。家族第三代成员凯尔德·柯克·克里斯蒂安森自1994年以来一直担任首席执行官。他在20世纪90年代中期任命了一个五人的管理团队，主要战略目标是利用乐高品牌的高知名度实现增长。这是乐高产品线多样化和扩张的开始。公司在这些方面取得了一些成功，但也迅速增加了复杂性，而且一些产品逐渐偏离了乐高的创意游戏理念。

显然，如果公司想要生存和独立发展，它需要进行重大调整，而克里斯蒂安森家族的一个决定让许多人感到意外。要想理解做出这些决定的原因，需要更深层次地理解基业长青的商业豪门治理资产的思路和做法。他们着眼长远——想要把一个健康的公司或集团传给下一代，如果不行，就重塑一个新的公司。[8] 在 2003—2005 年乐高战略转型的关键时期，它需要做的是找回"建造"和"游戏"的核心用户价值。而在公司最危险的 2003—2004 年，一些商业顾问曾经建议克里斯蒂安森家族将乐高卖给一个大公司，因为乐高品牌比这个公司更有价值。

关于基业长青的商业豪门，另一个值得注意的点是，他们财力雄厚而且会进行反周期性投资。他们在繁荣时期存钱，以便在经济衰退时期养活现有业务，并低价收购资产。以乐高为例，制定战略的决策权由克里斯蒂安森家族的私人控股和投资主体科尔克比（KIRKBI）公司把控。其目的是"为家族建立跨越世代的可持续的所有权"。例如，为了实现这一长期愿景，该家族近年在环境可持续性方面投资巨大。

克里斯蒂安森家族的使命感来自促进儿童的游戏和教育进步，这不是一个可量化的目标，而是一种人道主义的愿景。凯尔德·柯克·克里斯蒂安森对此特别感兴趣。然而，虽然利润最大化不是公司的首要任务，但公司必须恢复盈利，所以问题变成了：如何将乐高公司从财务困境中解救出来？

该家族对 21 世纪初创历史纪录的财务亏损的反应是增加投资。要使业绩回转，公司的整体方向和大多数高级管理人员的任命需要进行重大调整。其中核心问题是：谁将担任首席执行官，带领公司驶过这一段关键的航程？

袁威的任命

2004 年，克里斯蒂安森家族决定任命一位非家族成员担任首席执行官，这在公司历史上还是第一次。凯尔德辞去首席执行官一职，变成了全职股东。他的商业头脑和战略评估能力是一流的，他认为董事会的工作能够更好地发挥他的优势，并决定招聘一位新的首席执行官来领导公司的日常运营。

2004 年，袁威凭着担任战略发展总监的出色表现，获得内部晋升，被任命为乐高首席执行官，当时他年仅 35 岁。他是比隆本地人，拥有商业经济学博士学位，并曾在麦肯锡担任咨询师，于 2001 年加入乐高的战略部门。他的简历光鲜且令人印象深刻，但他有足够的经验吗？

任命具有学术和咨询背景，而相对缺乏经验的高管，风险在于他们经常"纸上谈兵"：削减成本并确定一个连贯的战略，但不去充分改善执行力或提升整个企业的参与度。但我后来发现，袁威的执行力度远远超出基本需求——事实上，他曾经是，现在也是一个少见的杰出人才。他能够深入思考和分析，了解人和文化，以及战略和执行。他是少见的高智商和高情商的人。

在公司层面，人们需要一段时间才逐渐接受，这个"非家族"的首席执行官是"真正的"首席执行官。袁威的权威在上任的最初几个月确实受到了挑战——公司的老人心照不宣地认为"真正的"权威在克里斯蒂安森家族手中。此外，毫无意外地，许多人难以接受来自一个只有35岁的领导的决策。我听到了诸如这样的评论："我不同意这一点。我想和凯尔德谈谈。"幸运的是，袁威与凯尔德有着良好的关系，后者对新任首席执行官给予了大力的支持。如果不是这样，在袁威任期的最初几个月，对其权威的任何破坏都可能直接导致这次外部任命的失败，从而导致公司转型的失败。虽然袁威的任命在外人看来是个意外，但他其实已经在之前的职位上参与了公司的重新构建。凯尔德希望这项转型工程能够稳定地持续进行，因此这次晋升是为了给他更大的权威。

凯尔德没有退休，他只是转成了职业股东。这与具体的管理执行不同，但也具有根本性的重要意义。他和袁威共同确立了帮助公司恢复和重获新生的战略，这两个人组成了一个强大的领导组合。在上任之初，袁威就直言不讳地告诉董事会，公司凭借其现有的战略和运营方法是无法持续的；如果股东们不想自己整改业务，那么卖掉公司是个值得考虑的选择，而如果要整改，扭转现有局面将是一个长期的投资——业绩不会在几个季度内突然有起色。多年后，他还是会回忆起当时银行是如何像骑在他的脖子上一样步步紧逼催还贷款的，以及首席财务官（CFO）如何直言不讳地告诉他，没有看到什么可盈利的核心业务。因此，现金管理是当务之急——如火烧眉毛一样。

凯尔德和袁威制定的战略分三个阶段，他们将其清晰地表达出来：会有一个为期两年的应急期，称为"现金管理"阶段；然后是两年的"价值管理"阶段；最后是从2008—2009年开始的"增长管理"阶段。当时，许多预算方案是按照国家或地区来划分管理的，而不是按产品类别，所以我们连哪些产品能赢利都不清楚。比如，乐高主题公园非常受欢迎，但它其实是亏损的。于是，首席财务官成为扭转局面的另一个关键人物。他是企业转型专家，是这个职位的完美人选，要求团队以精确和严谨的方式了解公司不同环节的成本和价值。他建立和贯彻了正确的核算系统。随着新团队的加入及其带来的能量，以及一个连贯的分阶段战略的推出，我对乐高的未来越来越有信心。

在战略层面，袁威的主要观点是专注于品牌的核心价值：乐高对大众而言代表着什么？它意味着创造力和游戏。所以，他对产品线进行了筛选，满足这些定义的产品线留下，而离公司核心价值太远的产品线则被出售或者停掉。

袁威很快意识到，乐高在供应链透明度、性能和"兑现承诺"方面的改革是赢利的核心要素，同时，供应链部门传回的市场洞察可以为设计师提供有用的信息并反哺创新。他在所有关键职能部门之间重新建立了合作伙伴关系。1995—2003年，品牌过度扩张和创新不足导致了危机；现在我们需要的是重新融合核心价值观，并采用更好的方法进行创新。

> 乐高对大众而言代表着什么？它意味着创造力和游戏。

上市公司面临的业绩压力可能迫使管理层为了自己的野心而过度追求不切实际的季度增长目标，这会对公司造成内部伤害。像乐高这样的家族企业却完全不同：公司的所有权是高度集中的。在所有者能够正确做出重大决定的前提下，这是个很大的优势，但这也可能意味着所有者的系统性偏见可能会持续存在。20世纪90年代至2003年，来自董事会的高层领导基于"品牌大于业务"的判断，寻求最大化品牌价值。一份90年代中期的公司战略文件这么写道："乐高不是玩具——到2005年，我们想成为所有有孩子家庭的最强大的品牌。"事后可以看出，这导致了公司在那些不是"创造性地玩积木"——大众对乐高体验的共识——的领域进行了过多的实验，所以品牌价值被稀释了，很多核心粉丝都觉得失望。到了世纪之交，公司已经开始对多元化进行一些控制，比如2000年前后关停了手表和出版等业务线，但仍然存在很多非建筑玩具的发散性产品。

袁威对这个问题给予了足够的关注。反过来，他也受到贝恩公司顾问克里斯·祖克（Chris Zook）分析的影响，后者也是《回归核心：持续增长的战略》一书的合著者。祖克得出的结论是，一个公司应该专注于为明确定义和理解的市场提供具备核心价值的产品。对于邻近市场的任何进一步探索都应有选择性，且需要谨慎计划和执行。他用一句话总结了这个理念："我坚持的规则之一是，你只能每3~5年开发一个与核心业务相邻的业务，因为这是一项重大的事业，对公司文化和能力都是巨大的挑战。过去，我们不是每3~5年开发一个新业务，我们是每年做3~5个新业务，我认为这就是让公司差点失败的原因。"[9]

如果我们在交付或理解方面缺乏专业知识，就不可能兑现我们的承诺，公司就会失去重心和纪律性。当然，在我职业生涯早期的制药行业，由于属于重监管行业，产品必须通过严格的临床试验，所以不可避免地形成一种纪律。你不可能将实验中的药物投放市场，而乐高可以尝试一种新的设计，少量出货来进行市场试水。监管宽松的行业可能会有纪律缺乏的副作用，从而导致一系列的问题。

2003年乐高创纪录亏损的消息引起各界震动。对于外部世界、报纸商业版的大众读者而言，乐高几十年来一直是一个成功的典范。乐高积木广受欢迎，能够与像《星球大战》和《哈利·波特》系列电影这样的顶级IP（知识产权）达成合作，乐高基于这些全球流行的电影开发迷你人物和富有想象力的玩具。但基于主流电影IP绑定产品线的隐藏问题之一是，遇到像2003年这样的年份，既没有发行《哈利·波特》新电影，也没有发行《星球大战》新电影，销量会大幅下滑。与前几十年相比，这些交易具有巨大的波动性。在过去几十年里，需求的波动较为平缓，主要集中在圣诞节前后。一个更成熟的品牌"乐高城市"系列，如第1章所述，因缺乏投资和营销支出而销量疲软。我们发现，"这个产品不好卖"一直是个未经检验的假设。

乐高也有不受欢迎的产品。比如杰克·斯通系列人偶，它比标准乐高迷你公仔大，设定为一个动作英雄，并以它为中心设计了一整套玩具，主要是飞机和机动车辆，许多是紧急服务部门的车辆，但它从未真正激发孩子们的想象力。杰克·斯通系列于2001年面世，但仅仅两年后就下架了。嘉利德

（Galidor）系列包含一组依照短暂爆红的同名儿童科幻电视剧开发的人偶。Clickets是针对女孩的玩具品牌名称，包括手镯等。它的三角形包装在设计上有一个缺陷，本来应该是一个可以被卡住的襟翼，但在实际打开时这部分特别容易撕裂，使得产品外观有瑕疵。公司得知这个问题后，应对之策居然是：增加营销支出。

虽然一家创新型公司应当接受并非所有新产品都会很受欢迎并且利润丰厚——事实上，几乎可以肯定地判断，如果你的失败率是零，只能说明你缺乏创新。但是，新想法和新尝试的失败不应该导致公司整体陷入危机。创造性尝试应该充分利用实验和试点，并准备承认有些尝试的失败，同时从中吸取教训。重要的是，公司作为一个整体具备较强的适应性，你不能把整个公司的前途赌在一些高风险的创新上。在那段时间，设计师团队和战略团队似乎并没有与粉丝，包括成年粉丝，进行充分交流，所以很多创新偏离了乐高的核心价值，即大多数用户所理解的"乐高体验"。袁威对于产品线的精简是选择性的，他既将系统视为一个整体，也详细审查每个单独的产品线。有一些亏损的玩具生产线仍然被保留，因为它们的亏损被视为可逆转的，而且它们与乐高对自我的核心价值认知息息相关。例如，幼儿园产品是必须保留的，因为它们能引导儿童从小接触乐高。DUPLO 系列产品在历史上尝试过品牌重塑但是没有成功，现在这个 1968 年就开始使用的老品牌被重新推出了。

公司创建了乐高主题公园——很受欢迎，但也亏损。乐高是制造业公司，不擅长旅游景点的运营。总的来说，同时在几个不同的战略方向发力，且每个方向需要截然不同的专业能力，往往会导致公司的复杂性指数级而非线性上升。单个来看，很多创新可能是有意义的，但重要的是理解这一切的核心——想要同时管理好这些方向意味着什么。

当凯尔德批准出售乐高主题公园时，就是发出了一个强有力的信号——把主题公园交给更专业的人员去管理是有意义的。乐高主题公园就像是凯尔德的孩子，如果他的商业判断压倒了他个人对乐高主题公园的情感依恋，那这就是一个强有力的信号，证明他的家族对拯救乐高公司下了破釜沉舟的决心。

错误的叙述和未经检验的假设

与乐高一些创新失败和战略疲软颇为登对的是，20 世纪 90 年代和 21 世纪初，玩具市场中出现了巨大的技术进步和人口结构变化,这也要求乐高必须与时俱进,它的一些创新也取得了成功。电子游戏的复杂程度迅速提升,因此很多孩子玩实体玩具的时间变短了。乐高核心市场——西欧和北美——的人口出生率下降,家庭在玩具上的支出因此下降,其利润率受到挤压。同时,许多小型的玩具店不断关门,这个行业变得越来越由零售巨头主导。在美国,出现了像玩具反斗城这样的线下玩具销售连锁巨头,沃尔玛和塔吉特紧随其后;同时,在线销售,尤其是通过亚马逊电商平台的销售,从21世纪初开始迅速增长。[10] 随着数字化的进一步发展,网上购物这一趋势越来越突出。2020—2021年,新冠肺炎疫情进一步促进了在线销售的大流行,其间,许多实体店在所谓的"零售业的末日浩劫"中关门破产。

另一方面,20世纪90年代到21世纪初,世界各地的中产阶层家庭数量迅速增加,这给锐意进取的玩具公司创造了很多机会。当变化迅速而复杂时,必须警惕那些简单化的描述,谨记它们不能全面地解释正在显现的趋势,因为复杂的变化不仅复杂,而且充满变数。特别重要的是,不要进行简单的线性推演。当新的技术出现并且使用它的产品开始获得市场认可时,至少会有一些旧技术被替代,但这并不一定意味着旧技术会一下子过时(尽管在某些情况下是可能的——复杂情况下一切皆有可能）。传统产品人气逐渐下降，或急剧下降，但后来却出人意料地卷土重来的例子很多，比如黑胶唱片和拼图游戏。[11]另一个例子是建筑类玩具，包括乐高产品，在21世纪20年代初的新冠肺炎疫情的大封锁期间受到了空前的欢迎。在电子游戏的世界里，触觉是缺失的，而这是人类的核心感觉和体验。在一切似乎都在剧烈改变的时代，有些事情是不变的。

要想预测趋势，需要不断监测事态发展并为意想不到的情况做好准备。一些玩具行业从业者在20世纪90年代和21世纪初期曾预言，未来是电子世界的。但是在乐高公司转型的过程中，尤其是在袁威接手之后，市场的真相呈现在我们眼前。是的，电子产品正在改变市场，但它不是唯一的变化，客户对于实体玩具的偏好是不变的。乐高在此期间面临的更严重的问题，反而是因为大创新期间的很多尝试过于背离乐高核心的搭建体验。大多数忠实的粉丝告诉我们："乐高迷失了方向。"这个过程给我们的教训很清楚：要成为真正的乐高玩具，建筑和创造力必须是体验的核心。如果乐高要电子化，它们需要与积木块结合起来。降低业务复杂性和产品线数量成为当时的关键目标。

在我的经验中，加速转型有两个决定性因素：一是新上任的首席执行官袁威完全理解了不断发展和成熟的战略方法的重要性，并与运营部门密切合作；二是"视觉工厂"方法，也就是我引入公司的以每周绩效简报为基础设立的周会，它改变了问责制和绩效管理制度。对视觉工厂工作法的详细描述是本书第7章的主题。

总结

关于战略制定存在两个流行的误解：它要么是由管理层秘密开发、由最高决策者推出的严格的成功公式；要么是一种无计划的状态，担任管理角色的每个人都可以自由追求自己的战略。对这两个误解的迷信阻止了企业采用更成熟的战略方法。我自己的经历和观察现在得到越来越多的商业出版物的支持。在撰写本章的时候，我参考了拉姆·查兰和拉里·博西迪的《执行》，并引用了朱尔斯·戈尔达在其著作《常识的正面与反面》中的表述，这是一本比较新的描述探究性、迭代性战略发展方法的佳作。不过，虽然执行部门不应该追求自己的战略，但它们应该作为平等的合作伙伴参与战略制定，提供信息和洞见以塑造战略发展，以及确保整个业务有机体能够兑现承诺。

本章的主要原则

- 许多商学院毕业生迷恋战略,但具有讽刺意味的是,"战略"一词经常被误解。两个流行的误解:(1)战略是由精英团队制订和推行的刚性计划;(2)每个部门都应该有一个战略。

- 与以上误解相反,战略应当被更好地理解为通过不断对话、调查来迭代和适应的过程。组织确实需要一个连贯的战略,但这个战略是基于持续地响应市场需求、适应技术及其他方面的演变而形成的。企业必须始终培养和维护执行力、领导力、敏捷性和适应变化的能力。

- 战略的形成和适应需要是个持续不断、有选择的和有整体性的过程。

- 在乐高,计划外的混乱创新,以及虽然符合战略而且是为响应数字技术发展和市场变化而进行的众多调整,使公司陷入了危机。一个关键的教训是,离开核心市场寻求创新时,应该有选择性地投资于邻近的市场。

- 战略失败可能导致品牌价值稀释。例如,乐高不是一个可以附加在任何可能吸引儿童的商品上的品牌。那毕竟是个玩具品牌。然而，乐高在 20 世纪 90 年代的有些创新仍然是成功的。在转型期间，公司需要逐项进行深入分析，才能去芜存菁，抓住有潜力的产品和服务。

- 当一切似乎都在改变时，有些事情是不变的。黑胶唱片、拼图和乐高玩具是历史已经证明过的常青产品，也都在 21 世纪实现了复兴。

如何实践上述原则

- 董事会讨论和高管层面的战略对话需要立足现实。当处理关于某事的重要陈述时，正确的做法是把它当作业务方面的假设提出疑问和求证，而不是直接当成一个明确的结论。
- 不要将地图与真实世界混淆。我们需要平衡定性和定量信息，来帮助我们了解组织中正在发生的事情，单一报告不可能说明全部情况。
- 企业领导者需要随时了解包括客户在内的所有关键利益相关者。在决定如何更新产品或评估某些产品、服务是否有未来之前，他们需要了解品牌对消费者的意义。一个传统的产品可能比创新产品更受欢迎，有些品牌延伸可能是致命的。
- 整个企业的各个职能负责人都需要发挥领导作用，这包括学习如何支持、告知和协助塑造核心战略，而不是自己制定战略。

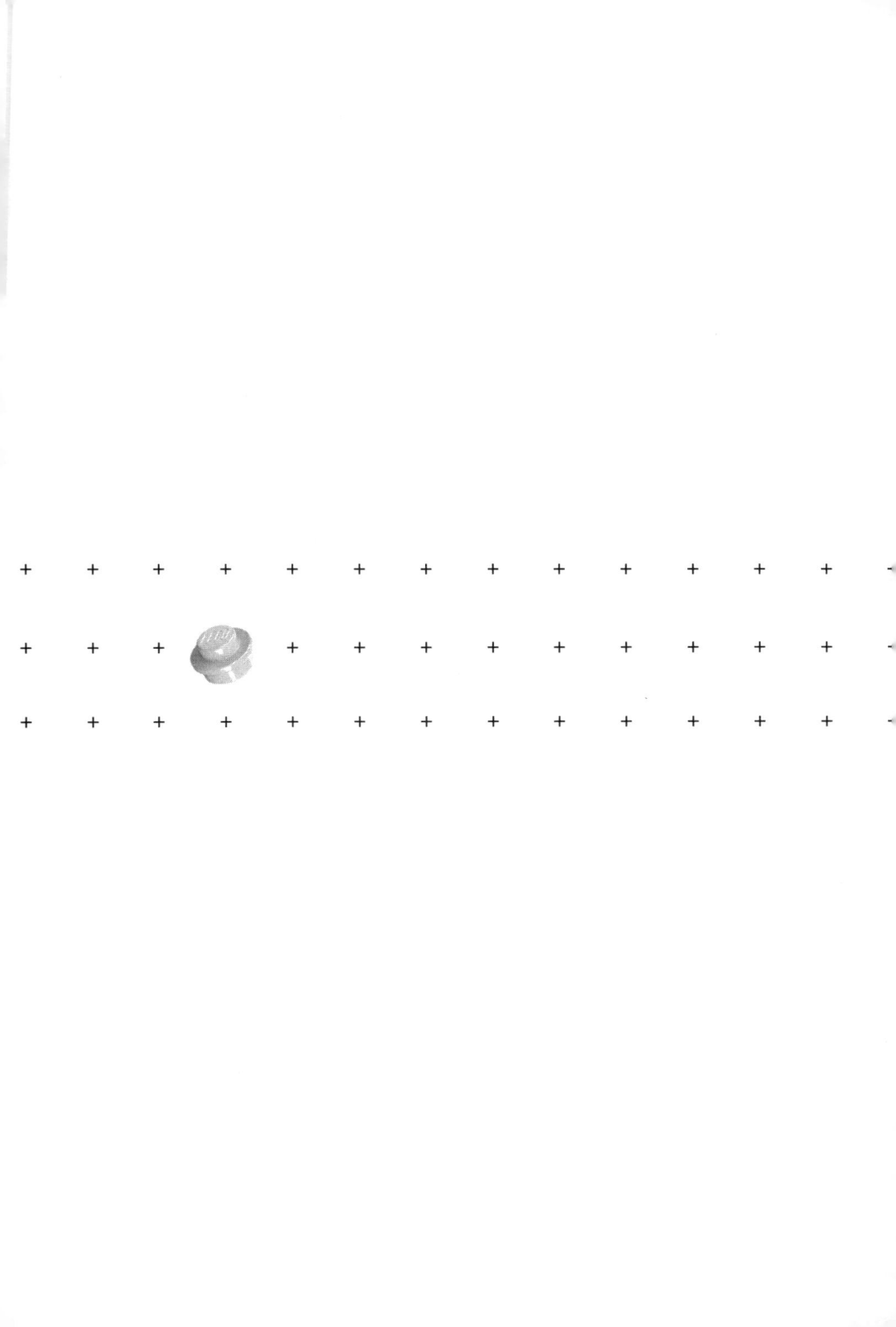

不要永远低头

盯着自己的脚

第 6 章 CHAPTER SIX
确保业务部门的合作协同

制造部门或供应链部门的人知道，自己的部门经常被不公正地视为处理事务的，甚至是个"卑鄙"的部门。我在整个职业生涯中一直在与这种偏见做斗争。企业管理中的常见方法是将赚钱的业务划分为"利润中心"，而将支持服务部门划分为"成本中心"。这种区分是错误的。所有部门对于价值创造都不可或缺。每个职能部门都有成本，每个职能部门也都会增加价值——至少它应该能增加价值。供应链是一种将人连接在一起的方式，而不仅仅是一个成本中心。所有职能部门必须顺畅地相互合作协调——这是一门具有挑战性的学问，而且绝不是轻松和谐地说说好话而已。这意味着遇到麻烦问题时及时正面面对,并进行必要的取舍;也意味着安排合适的人参与讨论,无论他们隶属于什么部门或什么职级。

最聪明的发明家和企业家都明白这一点。在一次为这本书进行的采访中,iPod 和 Nest Labs 的开发者、科技创业者托尼·法德尔(Tony Fadell)说:"(在我职业生涯的早期)有人告诉我,所有的事情都由设计团队完成。但我的反应是:什么?这可不行。那工程部和运营部呢?在我看来,任何大公司里的个人都需要超越自己那一亩三分地,学习其他部门的事情,确保你能够理解他们的诉求。如果你想晋升,越来越强,你需要知道这些不同部门的'语言'。很多人不屑于为不同部门的惯常语言做翻译,但如果你可以做到这点,你会更强大。人们不仅要有好的创意,还要能够理解每个计划的代价。但谁来承担这项工作呢?这项工作不是一个设计团队自己能够完成的,每个人——无论你身处运营部还是人力资源部——都要献计献策。你要有运营心态:是的,开始执行,让大家看到流程的逐步推进。

"我一直告诉大家:不要永远低头盯着自己的脚,也不要完全沉浸在眼前的工作之中;要多观察,上下看,左右看,跨越学科横向看,与他人建立关系,为自己建立知识基础,学习在不同专业的部门之间沟通翻译的能力。"

> 不要永远低头盯着自己的脚，也不要完全沉浸在眼前的工作之中；要多观察，上下看，左右看，跨越学科横向看，与他人建立关系，为自己建立知识基础，学习在不同专业的部门之间沟通翻译的能力。

在线零售巨头亚马逊的几位创始人，从很早的时候就理解了包括执行、物流、供应的所有业务部门协调的重要性。众所周知，在 21 世纪初期的互联网寒冬中，大多数互联网初创企业直到花完投资者的巨额投资也没有找到有效的流量变现方式，最终没有幸存下来。而那些活下来的企业，大多数在物流等传统的管理和执行上有显著优势，亚马逊就是其中著名的例子。在本书创作之时，亚马逊已经是一家大型全球科技公司，但在 20 世纪 90 年代后期，它只是众多年轻的在线零售企业之一。亚马逊创始团队的制胜之道在于专注于客户的需求，并深刻理解如何构建一个大型的薄利润业务。为此，早在20世纪90年代，他们就会见和采访了连锁超市沃尔玛的高管，以深入了解如何能做到这一点。而这并不是硅谷科技企业家的常见路径。[12] 从公司成立开始，其创始人就投入大量时间了解物流业务、供需匹配、成本控制；即使对许多竞争对手和他们背后的风险资本家来说，这也可能会显得乏味和枯燥。

核心竞争力

相对于设计、营销和战略这些方面，对于交付、供应链和物流的重视可能会受到一些管理者和商学院学生的质疑。如何确定这些方面是不是与核心能力相关呢？传统的看法是，企业必须大量投资于特定部门，这是获得竞争优势的关键，而普通流程可以外包——例如雇用DHL（敦豪国际航空快递有限公司）进行送货，或使用ADP[①]来制备工资单。这些人认为，职能部门之间应该有等级之分，因为一些职能部门必定比其他部门更重要和独特。

这个质疑意见在一定程度上是有道理的，但魔鬼总是隐藏

---

① 美国自动数据处理公司定期发布的就业人数数据。——编者注

于细节之中。以亚马逊为例，它关键的竞争优势是产品的完备性、有竞争力的成本、易于操作的在线购买系统和商业模式的扩展能力等。但货物的交付仍然必须可靠和有效。所有职能都是整体、协调的一部分。在实践中，好的管理应该可以调动所有部门精诚合作。即使是高度市场化的职能，你仍然在和人打交道；这些合作伙伴可能对价值链的某一部分有着自己的重要洞见，并且他们对自己所负责的价值链部分的理解和专业程度是远远优于其他人的。是的，有些专业比其他专业更有独到的价值——比如乐高富有想象力的玩具设计师，或网络公司的软件开发人员——但他们的努力离开了协调良好的专家网络就一文不值。光凭他们自己是无法将他们的想法带给客户的。把某些功能称为"增值的"是不真实的，并可能在公司内部造成危险的鸿沟。企业是作为一个整体来增加价值的（或不增加价值，视情况而定）。

外包那些满足以下条件的职能才是有意义的：第一，你自己在这方面不具备世界一流的专业知识；第二，市场上存在能把这些职能完成得更好的专业公司。外包职能是为了提升效率和效果，而不仅仅是削减成本，或者认为某些职能不重要。此外，请谨记，你永远不能外包责任，你的外包合作伙伴仍然是广义生态系统的一部分。在乐高，传统的偏见是推崇营销和设计部门，看不起制造和供应链部门，并努力将自己定位为品牌专家。这些偏见导致了其 21 世纪初期将制造工厂外包的决策，但是效果并不如预期。我在决定外包和放弃外包回归自控生产线的几年中担任执行角色，我希望我的经验和教训能够帮助大家加深对"核心竞争力"的理解，以及真正理解核心竞争力如何与企业的其他部分紧密相关。

乐高的教训：外包——紧张、谈判和180度大转向

2005 年，乐高在经历了一场几近被终结的危机后扭亏为盈。然而，到了 2006 年，我们在摆脱了 2003—2004 年的财政损失后，又遇上了令人头疼的新问题。我们不得不面对乐高的一个历史遗留问题：众多资深元老仍然普遍认为，乐高的核心能力在于设计、销售和营销，而非制造。在 21 世纪初期，制造外包非常流行，尤其是赶上西方公司将制造业向相对低成本的东亚新兴市场，比如中国和越南，转移的大潮。如我前文所论述的，坚持自己的核心竞争力，将非核心能力外包到更专业的公司的逻辑是合理的。但在这波趋势进行了十余年之后，越来越多的证据表明，外包应以追求质量为基础，[13] 而不是节省成本以及聪明的管理人员寻求以此为基础建

立良好的伙伴关系。

在此期间，我认为乐高面临的问题不在于逻辑，而在于对本质的判断：我的观点是，我们是制造积木块游戏的世界领导者，这一点在过去和现在都对乐高积木及其消费者的体验至关重要。我并不是公司内部唯一持这个观点的人。我不反对外包电子元件、分销和乐高主题公园，但乐高积木块的制造是一个独特的问题。我们在包装和供应链管理上出现过严重的问题，但是在积木块制造方面从来没有出过问题——乐高制造积木块的能力是世界级的、无与伦比的。而且，我们也很快就解决了包装等方面存在的问题。

> 乐高制造积木块的能力是世界级的、无与伦比的。

那时我的职级太低，无法影响外包决策。与我的希望恰恰相反，这个任务由我负责。我们与全球领先的电子和制造专家伟创力公司（Flextronics，后更名为 Flex International Ltd，即伟创力国家有限公司）达成了合作，为纪念交易达成而举办的晚宴洋溢着庆祝气氛，5 名乐高高管和大约 30 名律师、顾问参与了庆祝。这感觉很奇怪，有点像在球赛开始之前就进行颁奖和庆祝。外包关系的真正检验标准在于交付，而我们很快就在这方面遇到了问题。

首先，我们需要把制造业务从瑞士转移到匈牙利，从美国恩菲尔德转移到墨西哥华瑞兹；移交我们的捷克工厂，并关闭一个韩国工厂。伟创力将运营捷克、匈牙利和墨西哥工厂，而乐高公司仅在比隆保留了一部分小型制造业务。我们的外包合作伙伴伟创力一直是高度专业的制造商，事实上，我们从他们身上学到了很多。我们面临的挑战在于，这种关系如何管理，如何制定和执行合同以及解决合同中可能出现的纰漏；我们误解了合作伙伴的商业模式，双方都抱有不切实际的期望，然后还撞上了一些霉运。有些责任确实归咎于我们：我记得当时我们指定的服务水平是连我们自己都从未达到过的！而从供应商的角度来看，伟创力对可能实现的成本节约有着过分乐观的预期。双方的冲突因商业模式的不同而加剧，并导致一些问题反复出现，而这些问题本来应该在谈判阶段就意识到并且谈清楚。对伟创力来说，每家工厂都是一个利润中心，而乐高体系内的一家工厂不必作为一个独立核算的单位实现利润目标，考核的只是公司整体。因此，如果在外包合同期间，我们认为伟创力应该承担一些成本，或者应该增加模具的维护频率，这些要求都会直接影响他们的业务绩效和他们经理人的薪酬。在接下来的几年里，我 70%~80% 的时间都花在处理外包关系和频繁出现的问题上。

颇具讽刺意味的是：我们的公司走出了财务危机，但我身上的压力反而更大了。

监督关闭恩菲尔德工厂的过程令人心碎。我印象深刻的是，乐高的老员工耐心地培训他们的墨西哥新同事，而他们明知道自己的工厂正面临关闭，他们及其同事的工作前途未卜。袁威和高层团队很清楚我们要对员工坦诚。当20世纪90年代中期葛兰素关闭英国达特福德的生产线时，我自己就经历过这样的命运，当时我的团队，包括保罗·费拉利奥和其他人，正在取得惊人的生产力提高，但是葛兰素高级领导者隐藏了太多信息不让我们知道，几乎直到最后我们才明白自己的工厂没有了。在乐高，我们确保工人第一时间知道这些消息，并妥善安排离开员工的福利——例如，确保医疗保健费用能够持续支付。我不敢说我们当时做得是完美的，但值得一提的是，当一位电视台记者采访一些乐高员工，询问他们对工厂关闭的反应时，他们表达了悲伤，但很少愤怒，甚至对管理人员处理的过程表示了赞扬。

在跟外包公司伟创力合作的过程中，我们确实学到了很多东西。他们的文档和流程非常出色。为了准备转移生产线，我们必须彻底记录我们所有的设备和工艺，这是一个优秀的纪律。他们也是弹性地管理人员编制的专家，并懂得如何有效使用临时员工——另一个宝贵的经验。

然而，总体而言，外包的效果并不好，所以我们开始谈判退出。乐高是一个更大的品牌，但规模比伟创力小，到2008年，我们通过多次讨论决定将制造业务带回乐高内部。这意味着我们重新获得控制权，他们的业务损失相对较小，同时结束我们双方的痛苦。对我而言，领导这个回归谈判是有个人风险的，因为我一直被认为是对外包持怀疑态度的人。有流言说外包没有成功是因为我没有付出足够的努力。袁威驳斥了这个说法，公开表示他认为我已尽我所能建立有效的伙伴关系。另外，也有其他人在为制造业务"回家"而欢呼雀跃。

回首往事，我们在判断中出现的最大错误是认为制造——尤其是积木块制造——不是乐高的核心能力。后来的经验向我们证实，事实并非如此。乐高的积木块制造专业能力是世界一流的，并且掌握积木块制造对乐高而言存在巨大的战略优势，提高了我们进行制造创新、提升适应性和控制产品的能力。在随后的成长岁月中，我们杰出的、富有开创性的工程师们进行了精湛的创新，并迅速提高了公司整体的能力。

我对外包制造的反对意见从不是意识形态上的，商业判断应该永远基于务实的商业意识。我们将专业电子产品的生产成功外包给了一家中国公司；对于分销，我们将它整合为三个主要的区域中心——欧洲、北美和中国——并交给专业公司运营；乐高主题公园移交给旅游景点专家的梅林公司运营。这些都是有效的外包，因为内部没有更高水平的专业知识和能力。然而，不能外包的是责任。就主题公园而言，这些是面向客户的窗口，是我们的品牌标志。对公众而言，它们就是乐高的服务产品。任何意见或投诉——无论是关于无障碍轮椅、排队或食物——仍然会反馈到我们这边。我们将日常运营交给了梅林，但仍然密切关注客户服务和客户反馈。

总结

尊重每一个职能的贡献的重要性,这一点与本书第3章的主题密切相关——将企业理解为一个复杂的、相互连接和变化的有机体。这并不意味着放弃核心竞争力的概念。拿一个真实的有机体来类比,心脏和肺比其他大多数器官重要,但你仍然需要整个身体以最佳方式运行。

本章的主要原则

- 不要认为供应链和运营在战略、设计和品牌面前处于次等地位。企业的所有部门都必须精诚合作。

- 亚马逊的几位创始人和 iPod 发明者托尼·法德尔强调战略家和设计师亲自了解工程及运营的重要性。在激烈的市场竞争中，执行力是强大的优势。

- 核心能力是一个有用的概念，能帮助管理者了解什么对竞争至关重要——独特或罕见的能力，难以模仿或构建成本高昂，使品牌与众不同和有价值的能力——但这些优势只有在整个企业运营良好，所有人的贡献都得到充分利用和赞赏的时候，才能提高企业的竞争力。

- 外包应当以提升服务质量为基础，而不是单纯地为了削减成本，外包供应商必须被视为合作伙伴。一定要谨慎评估外包公司的商业模式是否与自己的相冲突。

- 你不能外包责任。

如何实践上述原则

- 战略和执行需要协同制定——运营和战略问题常常是相

通的。这些举措在乐高的转型期是平行推进的，而不是连续的，因为这些因素密切相关，供应问题需要先行补救，而没法等到新战略生效。

- 在评估核心能力时，要进行严格的分析；不要依赖直觉和预感，不要假设制造或供应链的价值一定低于品牌、营销或设计的价值。
- 在评估公司的核心能力时，需要考虑公司产品的独特性、潜在核心能力的技能水平和稀缺性，以及自身的这项能力是否世界一流。

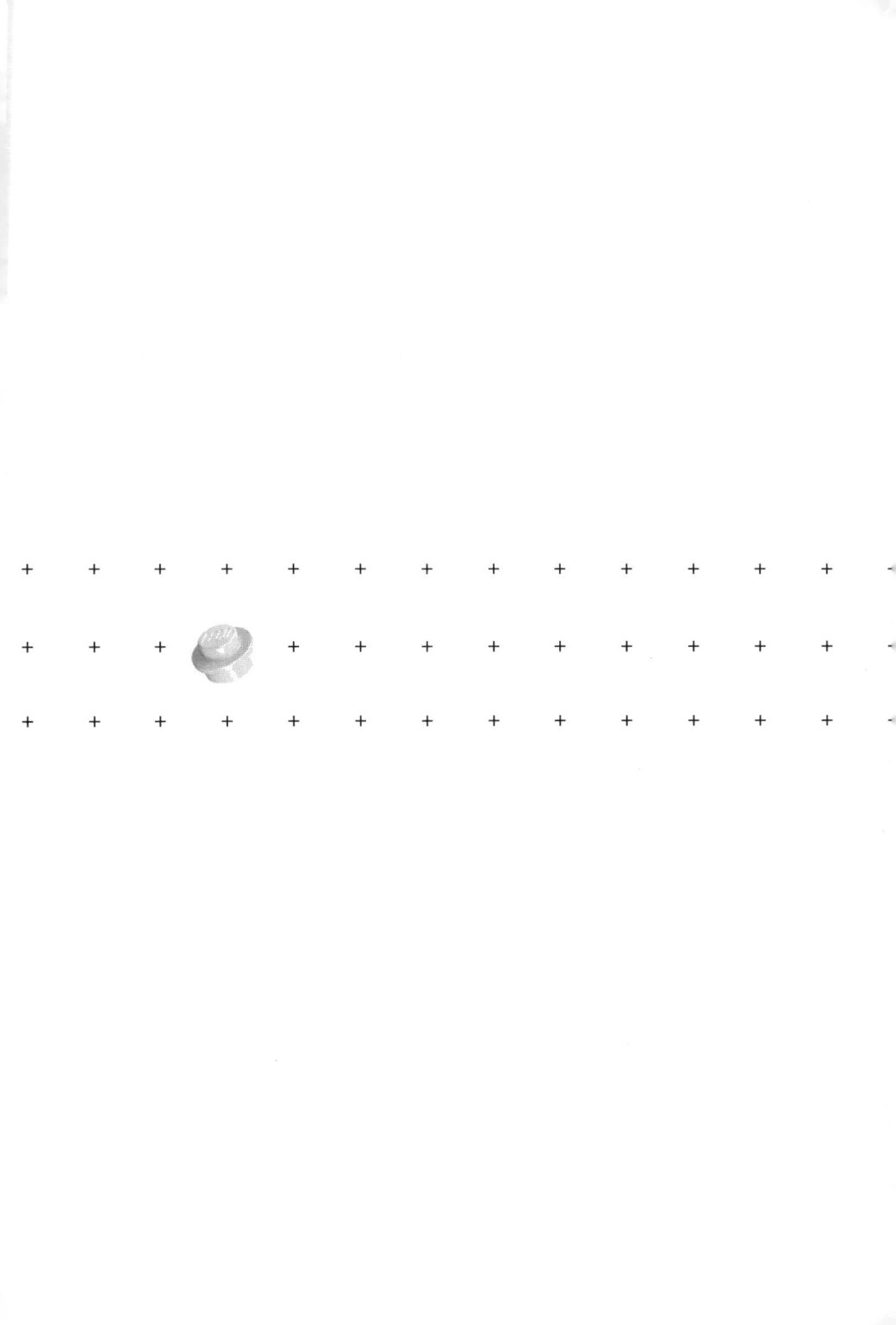

问责制

交付

透明度

协作

第 7 章 CHAPTER SEVEN
"视觉工厂"会议模式

这不是一次最传统的周日家庭出游：我带着妻子萨提和我们的女儿跑到康涅狄格州恩菲尔德的乐高工厂，来到一栋建筑内一间没有窗户的房间。我们用白纸贴满了四个墙面，并在上面画满列和行，为关键业务部门填写信息做好准备。这是为了帮助供应链团队和其他部门确保玩具厂在正确的时间生产正确的产品，达到相应的质量，并向商店供货。我将这里称为"视觉工厂"，是我们用于获取运营信息并修复北美乐高业务的控制中心。我们的女儿在那天没有玩到任何乐高玩具，但是她知道她正在帮助其他孩子获得他们心爱的玩具——你不觉得后者更令一个孩子心满意足吗？

不要太严厉地评价我虐待儿童。事实上，我们度过了开心的玩纸时光——哪怕这些纸只有一种颜色。之后，我们在回去的路上吃了一顿家庭大餐（从那之后20年过去了，萨提仍然没有和我这样的老公离婚）。如果我能确保这个新想法得到实施，就有助于我的雇主乐高公司的存活，从而保障我家的财务安全，那么这个家庭就会受益。

我的想法源于我职业生涯早期的经历，当时我是一名年轻的运营部门经理，经常参加一些浪费生命的、无效率的会议。当我们结束会议时，我无意中听到过同事嘀咕："啊，这真是浪费时间！"但通常，那些会这样抱怨的人，从不会动手去改变这些做事方式。以演示为主的会议可能是陈旧和无方向的，会耗尽团队的精力。但是在这之中，我感觉到我与同事之间的差异。对我来说，开会必须有一个目的——推动业绩向前发展；但是对于有些喜欢做演讲的人，会议就是目的。

"视觉工厂"与传统的会议不同，它不仅仅是一种会议风格，还是一种商业管理的方式。它围绕每周简报展开，针对公司的运营情况进行简明但完整的总结。这是医治自大自满情绪的可靠解药，也是一个让部门间得到应有的互相认可的平台。简而言之，每周五的早晨在一个小房间里高效讨论30分钟或

40分钟，是公司处于最佳状态所应有的样子。

它最有价值的作用之一，尤其是对本书的读者而言，是直接实现了管理学者们老生常谈的、经常流于概念的所有价值：灵活、透明、效率、效果、创新和团队合作。如果我们刚刚读了一本鼓舞人心的书或听过一个有魅力的演讲者的演讲，我们会充满转变文化和践行新绩效机制的热情。但是，概念和实践之间永远是有差距的，即使一开始差距可能很小。我们在工作日开始的时候充满灵感，却并不确定第一步应该怎么走。所以，我们如何真正做出不同的事情呢？

试试这个，亲爱的读者，我恳请你试试这个方法，即每周一次的业绩简报，它可以非常有效地改变组织的现状。视觉工厂的第一条规则是：坚持原则，不要放水。原则很简单：

- 资格——在这个房间（有时候是虚拟空间）的人应该是适合来的人，不基于职级；
- 守时——准时开始和结束；
- 协作文化——所有职能部门地位平等；
- 坚持"关键的少数"——没有长篇大论，禁止携带打印稿；
- 问责制——对你说出的行动计划负责，并确保公平；
- 涵盖整个价值链。

详情如下。

资格——确保参会的是合适的人。根据我的经验,在常规会议中,有时候来参会的人是错误的——要么他们没有直接参与正在讨论的事情,要么那些真正合适来的人,因为不同部门的内部政治或是鄙视链,而根本没有收到邀请。视觉工厂的理念是鼓励团队跨部门合作,让每个必要的人都参与,从而支持协作的有效性。参会人员从直接参与运营的人员到高级副总裁、总裁,并且每个人都被鼓励做出贡献。我们营造了一种"被迫合作"的文化,也创造了一个让大家加深对彼此领域理解的舞台。

守时——会议在每周五早晨举行,并且限制在半小时(特殊情况下40分钟)以内。准时开始。从一开始,我就要求不为迟到者复述前边的内容,以灌输会议的纪律;后来,我变得更严格,会议一开始就把门锁了。有一次,十几个人在开会时集体迟到十分钟,并对我的质询不以为意。于是,我在威康练就的运营成本计算能力开始发挥作用。我说:"你们刚刚浪费了120分钟的公司资源。"视觉工厂的会议室里没有屏幕,没有演讲,没有报告——只有行动。

协作文化——在乐高,通过跨部门工作,我们力求消灭将操作人员视为"肮脏"或初级员工的想法。我们鼓励和强调诚实的沟通。谈话风格跟企业文化的核心紧密相连：我们讨论业务的方式将决定公司运行的基调。坦诚、务实永远是重点，要能公开、坦诚地提出和讨论棘手的问题，并找到解决方案，不要被生硬、办公室政治或小帮派带歪方向，不要推卸责任或者找替罪羊。与会者来自不同的专业和职级，从副总裁到相对初级的运营工作人员，都在会议中有平等的地位，每个人都感到被鼓励贡献和提问。

数据和信息——企业能否获得足够的正确信息是一个持续的挑战，因此要专注于关键指标。我们灌输了"关键的少数"的概念。视觉工厂会议模式能让大家将注意力集中在有助于战略和运营业务的基本数据上。多部门间协作是必不可少的，比如，如果一个产品线需求疲软，那么努力最大化它的生产能力和效率是毫无意义的，包装、销售和营销都必须通力协作。

问责制——当我们在团队中协作时，每个人都必须有自己单独负责的事情。视觉工厂会议系统将任务指定到每个人。每个任务都用相应颜色编码：绿色表示"控制中"，红色表示"需要讨论"，蓝色或黑色表示"信息"。在实践中，每个人都被分配了一个行动，这个行动需要与其他人一起来完成，但它必须有明确的责任人，表现得好还是不好是透明的。这基于"未来的影子"理论——出自思想家罗伯特·阿克塞尔罗德（Robert

Axelrod）的一个优雅的描述，形容对未来持续的期望督促人们相互负责和合作。每个人都知道我们这一周打算要做的事情，也知道自己将在下周接受检查。没有会议记录自己记笔记也有帮助：当一个人拿起笔在白纸上写下自己要做的事情，并且知道自己要对它负责，而且如果有必要，还需要在下周汇报它的进度时，这就形成了一种很强大的心理效应。我们在写字的同时学习，所以你记笔记的时候比以传统方式被动地聆听和观看演示文稿更投入。公平是问责制的一个关键方面：有必要追究人们的责任，但不能强行用责任压迫人。在目标设置错误或系统故障导致计划失败的时候，防止个人成为替罪羊同样重要。

涵盖整个价值链——视觉工厂的一个关键概念是，一个人在任何时候走进房间，都能在十分钟内根据墙上的信息了解公司业务。视觉工厂是一种很好的介绍新员工熟悉业务的方式，因为通过"关键的少数"他们可以掌握关键运营和绩效要素，比阅读冗长的演示文稿或会议记录更快、更准确。企业内的所有职能被视为平等的、相互依赖的部分，没有部门被认为比其他部门"优越"。此外，人力资源和薪酬政策必须支持这种合作；我在乐高任职的早期，在奖金分配方面看到了不正当的激励机制——例如，如果生产效率超过 10000 块积木块 / 小时，就能得到奖金，而不考核正在生产的积木块是不是公司所要的。

重点应始终放在客户（零售商）和消费者身上。我早年在乐高遇到的挑战之一，是建立对于零售商的尊敬。在那几年间，零售业发生了快速的变化和整合，而且一直持续到今天。我们开始尝试邀请运营主管参加销售会议，以加深对于零售客户的了解。这在当时被认为是不寻常的，但它加强了我们的管理，因为这意味着整个组织对客户需求有了更深入的理解，并且贯穿组织的始终。它有助于确保我们兑现我们的承诺，并且我们的承诺确实是给零售商和消费者他们想要的产品。

建立视觉工厂的背景

以上就是视觉工厂在乐高的由来，也就是从那以后供应链部门在公司开始发挥主导作用的原因。2004 年，我们需要新的规划系统。我突然想到我可以从我过去的经验中借鉴很多东西。在 20 世纪 90 年代后期，葛兰素威康有一个重大的被称为 BPICS 的信息系统上线。我当时职级太低，无法直接了解项目实施的具体细节，我记得的是它最初带来一连串灾难性的错误——库存丢失、经济损失——但问题及时得到了解决。要是我们可以向葛兰素的老员工学习该做什么和不该做什么，什么会出错，为什么准确和相关数据非常重要，这可以少走很多弯路,节省很多时间和资源。这似乎是一个理想的机会。

所以,我问了葛兰素史克的一些经理是否愿意给我们做个介绍,他们同意了。我带着大约15位乐高的同事去了英格兰赫特福德郡的威尔,进行了一次为期一天的会议。就像经常发生的那样,这次会议最有价值的结果是它意外的副产品。他们提到了一种会议形式——"白板会议"。这个会议无须会议记录,无须PPT(演示文稿),甚至无须椅子或桌子。相反,它将涉及业务的人员集中在白板前,进行约半小时的讨论,并将需要采取的行动——以及每个行动的负责人——用鲜艳的不同颜色的笔写下来,完成的任务可擦除。对于这个会议的描述在当天8小时的分享中占了不到10分钟的时间,但我立即意识到了它的潜力,并产生了深刻印象。从我职业生涯早期第一次听到抱怨会议浪费时间的时候开始酝酿的想法,在我在乐高的头几个月里日益增强的想改变现状的责任感驱使下,开始结晶成形。

我确定,这将是我们转变管理方式的关键。它在各个方面都吸引了我:不浪费时间,没有长篇大论,关注要点和明确的权责。相比之下,传统会议中人们坐在办公桌前,看着演示文稿,偶尔瞥一

> 不浪费时间,没有长篇大论,关注要点和明确的权责。

眼他们的手机，通常拖拖拉拉持续很长时间，导致人们耗尽精力和专注力，浪费了本来可以去做更有意义的事情的时间。我们有多少人曾经有这样的体验？当时，我们已经开始推动更严格的问责制和每周一次的会议。从那一刻起，这些周会将按照"白板会议"的原则，在视觉工厂里进行。

决定建立视觉工厂的一个次要因素是，我作为高级经理人经常在丹麦和美国之间出差，所以我近乎永久性地在倒时差。大家一起站着开会不仅能缩短会议时间，而且能帮助我保持清醒！改变我们每周举行会议的方式听起来可能是一个不起眼的举措，但它对我们的公司文化产生了变革性的影响，并最终体现在业绩上。视觉工厂的以下几个关键功能，对我们的团队产生了持久和积极的影响。

- 每六个月，视觉工厂的目标就会被重置一次——重新审查讨论的数据和主题，并删除一些数据。目标的重置通过任命一个由四五个人组成的团队完成，他们来自不同的职能部门，负责从白纸上删除不相关的问题和数据。数据是达到目的的手段。关注某些指标的目的永远应该是改善对客户的服务，而不是信息本身或庆祝过去的成功。我们力求在这方面自律，保持专注，关注真正重要的事情。当关键指标的数量保持在最低限度，并且尽可能地不需要将电子表格打印出来钉在墙上的时候，视觉工厂效果最好。例如，完单率——公司可以满足的客户订单数量的比例——是一个关键指标，它需要达到 70%~80%。这里，挑选关键指标的重点是数据的相关性，而不是全面性。

- 在一年左右的时间里，视觉工厂方法被比隆的制造工厂采用，并随后推广到整个公司，后来又传播到其他企业。后来，当我参观一家工厂时，当地经理会邀请我参加会议，展示他们是如何采用这种方法的，这让我觉得十分骄傲。视觉工厂的效果之一是，我们的决策开始变得更好、更快，因为绩效衡量更加透明，我们能清楚地看到我们的努力取得了多少进步，这反过来又引发更大的集体信心，进一步提升业绩，形成一个正向循环。

视觉工厂的理论依据

我们用实践证明了视觉工厂是有用的，后来，我发现它在理论上也是可行的，学术研究中出现了惊人的相似原则。波士顿咨询公司的组织发展主管伊夫·莫里欧，是《黑白决策——从灰度认知中打造择优算法》一书的作者。他基于博弈论和组织社会学独立地开发了一种组织管理的方法，该方法非常类似于我们在乐高供应链中引入的视觉工厂的核心原则。他总结的规则有以下几个。

- 了解你的员工所做的事情——参与现实，而不是活在报告或代理人的汇报中。
- 赋能协同管理者——赋能现有的管理者中有协调合作能力的人，使他们有权力和兴趣促进合作。你可以通过去除多余层级来实现这一点。层级太多时，人也会远离行动层面。KPI 不能很好地代表现实。
- 增加整体权力——让组织的每个人都能运用他们的判断力和智慧。鼓励他们冒险，精诚合作。
- 扩大"未来的影子"——让人们体会到他们的作为或不作为的影响。
- 增加互惠——根据操作需要建立合作的激励机制。当互惠能力被限制时，你会产生"功能失调的自给自足"。
- 奖励合作的人——不要责怪失败，但是要责怪那些不会寻求帮助的人。

伊夫·莫里欧记录了在管理任务之间主观进行"硬"和

"软"的划分，会让二者分别关注过程和关系所造成的复杂性、挫折感、效率低下和质量问题。所谓"硬"方法会导致一系列复杂的指标、KPI、激励措施和各种委员会，而"软"方法经常以一种分离的方式关注关系而忽略任务，或忽略需要权衡取舍的领域。武断地区分"硬"和"软"管理方法所产生的问题是本书第12章的主题。

大约在2008年，在我们建立视觉工厂几年后，伊夫观察了我们的实践，意识到视觉工厂与他提出的方法有很强的相似性。他在为本书接受采访时总结了上面这些要点。他认为视觉工厂不是会议模式，更类似于一种表演。视觉工厂的目标不仅仅是交换信息，而且是真正的组织汇聚一堂共同进行必要的谈判和协商，以求组织整体能够提供必要的产品和服务。它处理的是现实关系，而不是代理关系。他补充说："在视觉工厂，讨论的不是结构、流程、系统，而是真正的组织和真正的问题。对我来说，它是一种认知工具，用来理解真正的问题……第二个特点是它是真正能够解决问题的法宝。

"视觉工厂强调简单：没有笔记本电脑，没有打印稿，问题都写在墙上的白纸上，附带解决它的人的名字。这些人负责寻找解决方案、确立时间节点和预期的时间线，并商定正确解决方案和方案生效的最后期限。最后期限需要人们一致同意。此外，在场的都是与问题直接相关的人，不一定是老板或报告人，他们了解问题，甚至有些人自己就是问题的一部分，他们不会将问题委派给部下，从而解决了沟通过程中信息扭曲的问题。"

可以说，在视觉工厂中个人是暴露无遗、无处可躲的，这听起来很有压力。因此，它的引入方式必须是平衡的，人们除了面对挑战，还需要能获取足够的支持。伊夫·莫里欧评论说，这样做的真正目的，与其说是把人们逼得走投无路，不如说是让大家面对现实。这可能会让那些没有兑现承诺的人觉得不舒服，但是如果没有这种程度的透明度，被藏起来的压力和困难所造成的负面效果会大得多，问题会被忽视或者被允许恶化。在乐高的实践中，人们认为视觉工厂是一种解放，因为它是一种每周一次表达他们真正关切并看到行动进展的方式。

然而，尽管视觉工厂的实践或莫里欧的六项规则在逻辑和在实践上都被证明有效，但能够做到这些的仍然是少数，官僚主义、"硬"和"软"的管理方法带来的挫折和次优表现仍然司空见惯。

更广泛的影响

我知道"视觉工厂"会议模式已经流行到其他工作场所，

尽管不可避免地发生了局部变化。本书写作之时，尼尔斯·杜达尔正担任丹麦能源和电信公司诺里斯的首席执行官，他是我在乐高的前同事。正如本书第3章提及的，他受到了我的影响，我坚持高级管理人员应该了解操作细节，同样坚信高管不能高高在上、脱离组织现实。尼尔斯将视觉工厂作为诺里斯整个企业组织和运行的基础。在为本书进行的一次采访中，他说："我的公司百分之百以巴利·帕达的风格经营。我每周五都举办视觉工厂会议。我真的相信这个理念。它消除了借口——人们停止抱怨IT系统无法正常工作，并开始承担责任。我甚至会使用视觉工厂来向董事会做简报。这是我们的文化，是我们处理事情的方式，并且与公司的价值观有关。如果你不是执行者而是旁观者，你会发现它是完全透明的。这是你留下的宝贵财产，巴利。（它已经成为我在诺里斯）11年来成功的关键驱动力。（更多）更复杂的（版本）已将我们推向更高的水平。那应如何保持韧性？纪律——持续努力，直到发挥作用。"

> 那应如何保持韧性？纪律——持续努力，直到发挥作用。

本书的前言描述了一次典型的视觉工厂会议的互动。当公司要做出重大决定时，需要给出明确的理由，并在所有工作人员面前公开。虽然直接问责可能看起来有点残酷，但重要的原则是公平和清晰；问责永远不应该变得令人生畏。是的，它要求对责任和绩效有像激光笔一样精准的关注度，但这旨在帮助你能够兑现承诺。该方法可以，而且应该伴随着对成绩和贡献的鼓励，并确保心理安全。明确的责任有助于防止个人避免履行职责，也有助于防止出现替罪羊——个人被错误地认定应当为别人的错误或不可抗的技术故障负责。借用尼尔斯的话说，这样可以"消除借口"，有助于确保我们始终与现实打交道，以及确保那些取得成就的人得到认可。

总结

视觉工厂方法围绕每周绩效简报展开，但它构成了一种着眼于有效执行的开展业务的方式，而不仅仅是一种会议模式。保持纪律以确保其有效性需要不断的努力。组织的三大管理诅咒——浪费、滔滔不绝和自我陶醉——似乎总会随着时间的推移悄悄侵入有机体，即使在拥有受过高等教育的高管、运转良好的企业，也不例外。在乐高，我有时会旁听视觉工厂周会，看到有人把打印出的数据贴在墙壁上，这些数据繁多而冗杂，没有人有时间认真阅读。我会直接绕过房间把它们拿下来。

理解视觉工厂角色的关键是将其视为操作概览和执行的核心，而远不止是一种交流形式，它是健康文化的守护者，也是你言出必行的保障。

本章的主要原则

- 组织管理的视觉工厂方法专注于问责制、交付、透明度和协作。
- 视觉工厂围绕着一个有纪律和专注的每周简报展开。
- 有效实施的视觉工厂方法可以改变文化、提升绩效和创新能力。
- 关键原则：资格——合适的人；守时——准时开始和结束；协作文化——所有职能部门都具有同等地位；"关键的少数"；问责制和公平性；涵盖整个价值链；没有演讲、PPT 或打印稿。

如何实践上述原则

- 建立每周绩效简报会，设立时间限制，保证专注力，尊重视觉工厂的关键原则。
- 保持纪律，避免讨论扩大化、信息过载或其他稀释核心问题的情况。
- 定期更新核心数据。
- 确保公平和尊重所有部门。没有人应当因为职级低而不享有发言权，没有部门应当被称为"只是个成本中心"。

第 8 章

至简成长

第 8 章 CHAPTER EIGHT
降低复杂性

在乐高工作期间，我经常与营销主管马德斯·尼佩尔产生直接的意见分歧。在2004—2006年乐高的拯救和恢复期间，我致力于建立一个适用于整个集团的标准运营模式。马德斯担心，如果我们的流程过于标准化，乐高产品可能成为标准商品，我们的企业可能会失去创新天赋。我明白他担心的点，我解释说，我们需要将运营模式作为创新的基础。我非常希望得到他的支持，但情况并不遂我愿。

"我不会支持一个我不理解的东西，"他解释道，"我不会在集体会议上表态赞成一件我无法解释的事情。"

> 在管理中，尤其是在高管职位上，承认你不懂某件事情需要勇气。

我充满了挫败感——也充满了钦佩。在管理中，尤其是在高管职位上，承认你不懂某件事情需要勇气。如果高管们都能表现这种水平的诚实，对企业是好事。这也意味着我们可以进行诚实和实事求是的对话。我们两人的合作关系对乐高业务的复苏至关重要，其原因我将在本章和后面的章节进一步讨论。企业内部需要一个良好的准则，以鼓励追求清晰、探究细节和充分解释沟通；即使你对这件事已经有相当好的总体把握，这个准则也通常会帮助你更详细地加深对业务的了解。

最后，马德斯和我还是解决了我们在这方面和其他方面的分歧，他的坦率发挥了很大作用。太多的高管经常出于骄傲，不愿承认自己对运营决策的运作通常只有一个模糊概念——在某些情况下，甚至毫无头绪。

与这个问题密切相关的是，"复杂性"会逐渐渗入任何人类组织。新举措、新的管理层级、新部门、缺乏市场调研的复杂新产品、高杠杆率又花哨的复杂金融工具，都会增加管理中的复杂性，并且这种复杂性的增长是指数级的，而不是线性的。请始终尽一切可能降低复杂性。如果你要增加复杂性，那么必须确保收益是值得的，值得为此付出大量额外管理时间和专业知识。在威康，我们将药品包装中泡罩的型号数量从10种减少到2种，这种精简是完全有益无害的。

过度的复杂性可能会终结一个企业。在21世纪的头几十年，一些最引人注目、最具经济破坏性的商业帝国的崩塌事件，都发生在多个业务线交叉、全局交互和各种不透明的账户横行的复杂全球企业。在2000—2021年，安然、雷曼兄弟、卡里林公司（Carillion）、威卡公司（Wirecard）和绿思资本（Greensill Capital）的崩盘都是这样的例子。在每一种情况下，高级管理人员、董事会成员、审计师、监管者和其他人的傲慢和自负都起到了重要作用。毫无疑问，这些人都是受过高等教育的聪明人，但他们不愿意公开承认他们并不真正了解业务执行层面正在发生什么。令人安心的片面说辞和误导性的财务数据隐藏着各种商业风险。财务舞弊是另一个重要败因，所以有的人会选择故意隐藏信息；但是在这些因素的底层，不透明和复杂的企业性质很可能是危机的根源。

即便是在业务相对简单明了，供应链容易理解，财务方面也不进行任何复杂操作的玩具公司，复杂性也可能会蔓延。因此，管理中必须有意识地不断把复杂性像除草一样清除掉。健康的企业文化应该包括持续改进：总是询问为什么要这么做，直到你得到答案，并可以采取适当的改进措施。在乐高，我们用"关键的少数"这样一个概念来挑选核心指标，并将注意力集中于此。这是个说起来容易做起来难、坚持起来更难的事情。它需要始终回到核心运营要求以及"兑现我们的承诺"的需要。做这件事情能让我们更好地达到哪个核心指标的要求？这是我们用来研判要不要增加复杂性的要点。指标的评测只是一个手段而不是目的。

乐高的教训

在乐高，一个以减少组件为特征的彻底业务简化动作在公司转型和复苏的过程中起到了关键作用。在2003—2005年的高峰时期，乐高同时生产大约14500个独特的积木块组件。这是自20世纪90年代中期以来一直执行的多元化和创新战略导致的。这样做除了成本高昂，还会出现违背消费者意愿的产品发散，因为可互相替换的通用积木比例较小。作为供应链负责人，我与营销主管马德斯·尼佩尔密切合作，我们的互相理解激发了合作创新，使得公司能够一边推进成功的新设计，一边通过富有想象力地多次利用同一零件，达到提高运营效率的目的。

零部件数量和供应链问题之间有明显的因果关系。危机期间，我们有时甚至无法保证交货。在我与零售商代表共同参加的一次会议上，一个人拿出一个尺寸为 20 厘米 × 20 厘米的标准乐高积木的底座复制件。他把它扔过光滑的桌面并对我说："我今年 45 岁，我 5 岁的时候就用过这个。这个组件的编号为 626，40 年来，零件组合中一直有它。你能告诉我它为什么会突然断货吗？"

对我而言，这是第一个决定性的时刻。另一个决定性时刻出现在我遇到一家大型零售商的采购员时，他质问我："你能告诉我为什么我的店里应该储存乐高而不是狗粮吗？实际上，狗粮利润率更高，而且它们可以按时到货。"

大量的单个组件只是众多数据中的一项，但它具有启发性，尤其是在我们同时面临供需失衡、创新失败和暴跌的财务数据时。这些复杂性和高成本正在使我们面临负的财务回报。这究竟是一场运营噩梦、一场战略失败，还是创新能力薄弱或营销部门能力不足？我们领导层逐渐认识到的现实是，我们面临的困境是这些因素的组合。这是那些棘手的问题经常在企业出现的原因，也是我们要协调响应能力的原因。具有讽刺意味的是，降低复杂性可能是一项增加复杂度的任务，但你只需要经历一次这个艰难的过程，就可以创建一个更易于管理和有效的业务。

多复杂才是过于复杂？

在前面的章节中，我描述了当时乐高的战略是如何出错的——过度的多元化和品牌延伸；此外，还描述了供应链部门为何出现功能性失调——没有得到销售和营销部门的充分支持，更没有充分的消费者调研来支持决策。在接受过制药行业严格培训的我看来，很明显，这些问题是相互关联的，而且因为超过企业承担能力的复杂性而加剧；设计和新想法过于丰富，但其中很多是赔钱的。

1993—2004年，我们生产的组件翻了一番。理由是我们需要新产品提高市场竞争力，而新模具的边际成本很低。当你在赢利的时候，这样的论点似乎足够了——而且，试图衡量增加新模具带来的新增复杂性的确切成本几乎是不可能的。但到了2003年和2004年，我们遭受重大财务损失，盈利能力急剧下降，已经严重危害到公司的未来。这时候，需要对公司的产品线进行更严格的审查。

在随后的讨论中，我们从运营方面提出的观点是，组件的种类过多导致了过高的复杂性和成本。我们的企业迫切需要合理地规划产品线，并确保增加能用于多个模型的通用积木的生产比例。这引发了一些反对和争论。一些设计师觉得他们的创作自由受到了过度的限制，而创造力是一家创意玩具公司的安身立命之本。降低成本和限制消费者的选择是否会引发恶性循环？减少产品是否会降低消费者对我们产品抱有的兴奋性？这个论点表面上有些道理，但它忽略了一点，对于乐高产品，完成创作的是消费者，而不是我们。可互换的通用积木比例越大，用户拥有的选择反而越多。这里有一种反常识的认识，即减少组件的种类实际上可以增加从事创造性游戏的用户的创造性搭建选择。

在实践中，设计师为可互换通用积木设计了巧妙的利用方式，使得搭建的模型完成后，看起来像是用高度定制的独特组件做成的。在零售店的包装盒图片上，《星球大战》宇宙飞船、消防站或跑车的模型看起来高度个性化，但它们其实包含数量惊人的标准积木，秘诀在于巧妙的设计。比如，在英格兰利兹中央火车站展出的一个真人大小的自行车赛车手乐高模型，几乎完全由标准矩形和方形乐高积木块搭建。一块标准的3厘米×2厘米的平板积木可以做成汽车或面包车的顶。乐高最出色的作品是公司设计师与消费者的共同创作。在乐高自己的商店里，有一个"Pick a Brick"（挑选积木块）或"Pick and Build"（自选建造）部分，用户可以在这里挑选各种常见的积木块（将挑选的积木块放在一个乐高自选杯中，按杯计价）。这些很受欢迎。在这里我们借用了来自 DIY 零售店的"白漆"概念——家装店里的白色油漆是常备的。对我们来说，"白漆"相当于基本的乐高积木块。而这是我在乐高工作早期，被零售商在一次会议上隔着桌子扔给我基本底座，质问我们这种基本组件为什么会缺货这个生动教训的结果。

另一个重要的考虑因素是可服务性：当我们设计了一个有很多通用部件的产品，结果在市场大卖时，我们更容易扩大产能，我们会有足够的库存零件，因为它们很常见。同样，当这些产品需求下跌时，也更容易关闭这个产品线。我们需要控制成本，但削减成本不是战略目的。减少组件种类意味着过剩的库存大幅下降，过剩的成品库存大幅下降，零售商需要打折出售的情况也能减少；同时扩大了给乐高迷提供的创意空间，并恢复创意游戏的中心地位。百利而无一害。

尽管如此，争论的过程还是十分艰难，有时气氛也十分紧张。设计师表达他们的担心并参与辩论也是正确的，而且他们的参与必不可少，因为我们需要确定哪些组件是不能被削减的。取得进展的唯一方法是对话——深入、频繁的对话，并拿出硬数据支持：不仅是成本数据，还包括收入数据；不仅是定量数据，还要有定性数据；还要考虑忠实乐高迷的反馈，来评价我们究竟有没有因减少创意元素而迷失方向。

> 深入、频繁的对话，并拿出硬数据支持。

作为营销和创新主管，马德斯·尼佩尔在这些对话中发挥了重要作用。他用自己在设计和营销方面的知识，帮助我完成这一变革。在本书的一次采访中，他回忆道："每个人都同意，应该降低我们价值链中的复杂性，这是必须的……设计部门、营销部门、GIM（全球创新与营销部门，后来改称 PMD，产品和营销部）的每个人都坚信设计变化、细节、游戏价值、创造惊奇感的能力需要很多组件、很多颜色、很多形状，所以复杂性是不可避免的，那些特别的、愚蠢的来自嘉利德、杰克·斯通等的独特组件很容易决策，大家一致同意它们应该被砍掉。但一个讨论一直在进行：怎么决定设计师可以用什么样的新模块来设计新产品？这个讨论后来变成了全公司的。但那不是最大的话题，因为它几乎是针对个人的，大家认为巴利想要设计师用更少的组件进行设计。他们把我当作传声筒，说：'你必须说服这些家伙听一些道理。'"

一个重要的证明我们理念的时刻来了：我们向大团队解释

说，我们在造的组件中有不少于 6 个迷你厨师人偶；另一个是有两个看起来相同但表情不同的人偶。最早我们的决定之一是减少人偶的颜色。在马德斯·尼佩尔和我的共同努力下，更进一步地，我们将这个讨论从关于新组件数量的年度辩论，变成了一个可以更深入地定性讨论游戏体验的质量和对供应链影响的机会。马德斯·尼佩尔制作了一个矩阵，来体现设计价值和价值链复杂性的映射关系。我并不同意供应链中的复杂性可以被精确测量，但这张图在概念层面起作用，因为它意味着任何复杂性的增加，都必须有相应的对设计质量的改进、对游戏体验的提升和业务增长潜力的促进。

我明白我被视为"坏人"——并且大约在这个时候，我开始被称为"不行博士"。这里我要补充一句，我并不是真的总说"不行"。例如，马德斯·尼佩尔和他的团队很好地说服了我，应该将组件分组到带编号的袋子中，以便孩子们可以在游戏过程中获得"小胜利"——比如在一个搭建大模型的过程中，他能够跑到妈妈面前说自己已经完成了一辆小汽车。来自消费者的反馈已经确认这是有价值的。我可以看到这将如何丰富游戏体验，所以我们同意了，尽管这增加了供应链复杂性。

正如马德斯在接受本书采访时向我描述的那样："你从来没有完全得到你想要的，我从来没有完全得到我想要的，但我们最终得到了一种新奇组合，使我们能够拥有一个高效的价值链。"

在这段时间，我们两人经常进行深入的讨论，也发生了许多争执。但是，当我们意见不同时，这些不同只关于手段，而不是目的。我们都准备在必要时妥协，我们团结一致，致力于公司的生存和发展。公司的利益永远是第一位的。压力，激发创意的压力，是我们在公司转型阶段工作关系的突出特点。我们两人的有效合作是必须的，我将在本书第13章进一步讨论这一点。

总结

商业就像生活一样，已经足够复杂，我们不需要去把它变得更加复杂。一些最大的管理错误来自开启太多互相冲突的任务，结果没有足够的时间来好好完成每个任务或不完全了解整体战略、目标。

保持简单——在任何可能的地方保持简单，这绝对是兑现承诺的核心。如果你不知道，就说你不知道。如果你有什么不明白，就提出问题以填补知识空白。如果你得到的答案不可用或不足以解决疑惑，不要猜。如果不得不在信息不足的情况下推进工作，至少要意识到这些信息不足。无论是产品范围的扩大还是运营或组织结构的变化，如果它们的复杂性增加，必须通过明显的额外商业机会和收入来证明其合理性。正如我们在乐高所证明的那样，与直觉相反，简化产品范围和生产过程有时可以促进创新潜力及提升运营效率。

当我成为乐高的首席运营官时，我的座右铭是："至简成长"。这一点我将在后面的章节讨论。许多人发现这是一个对高管而言非常有用的经营原则。

本章的主要原则

- 过度的复杂性会终结一个企业；近几十年来一些重要的企业倒闭都跟其高度复杂和不透明的结构特点相关。
- 承认你不明白某事需要正直和诚实；这种谦虚通常代表着管理实力。
- 降低复杂性往往会提高透明度和效率；与直觉相反，它还可以提高灵活性和创新能力。
- 增加复杂性必须有一个令人信服的增加商业机会的论证来支持。

如何实践上述原则

- 提交任何增加复杂性的提案之前，分析潜在收益，并理解它将如何提高对管理者的要求和对公司资源的消耗。
- 尝试确定公司运营的方式，让它变得更简单、更清晰、更易于理解；如果你这样做了，就会发现它的多重好处。
- 尽管如此，减少复杂性，就像其他管理动作一样，都可能伴随着风险。如果其他人反对简化程序，那么尊重他们的不同意见，并与之进行有意义的对话和沟通。

面对权威

要敢于说真话

第 9 章 CHAPTER NINE
领导力无处不在

"我想，我今天可能会被解雇，"我通过手机告诉妻子萨提。这是 2005 年，当时我正从酒店步行去往丹麦比隆的乐高总部参加一个重要的行政会议。比隆这个小镇，去哪里都很近。在 20 世纪 30 年代，当奥莱·柯克·克里斯蒂安森（Ole Kirk Kristiansen）创立自己的公司时，比隆还是一个小村庄，而乐高的最初业务是为当地人制作木制工具和玩具。到了 21 世纪，乐高的大型现代化总部及游客中心占据了整个城镇。

所以，我几乎没有时间整理思绪。这是乐高扭转局面的关键时刻，我直到凌晨 4 点才完成我的演示文稿。我有一些"强硬"的信息要告诉我的同事。实际上,它们是要求,从供应链的角度来看,如果不做到我们要求的这些改革,乐高就危险了,不仅供应链会崩溃,整个公司的业务前景也会暗淡。北美分部的许多功能障碍、失败的战略、错误的产品开发和品牌延伸,如前几章所述的那样错综复杂地叠加在一起,已经威胁到整个公司的生存。在执行上,我们无法兑现自己的承诺;在战略上,我们提供的也不是市场想要的;但我们的设计师、工程师、许多产品是世界一流的,我们的品牌仍受到全世界的喜爱,而且潜力巨大。

领导力在管理中体现,管理需要领导力

如果每个单位或部门都有自己的战略但合作不足,那么公司是无法运行的。但是如果每个部门都被动等待领导,没有主动性并展现出领导力,只是等待高层管理团队的每一个决定,那这个公司同样没有希望。

我从漫长的职业生涯中学到的一个核心要点是:领导力中有更多的管理工作,并且管理角色需要很多领导技巧,这远比看起来的要多。本书第 3 章中我们对领导角色要求的管理技能进行了详细讨论:最高管理层的领导者应该对运营现实有很强

的把握，并且不能太忽略具体实践。诺里斯的首席执行官尼尔斯·杜达尔完美地表达了这一点，他曾说，高管至少需要了解20%的操作细节，"相信你只知道2%的运营就可以胜任这个角色是不可能的"。

本章描述了一个业务经理所需具备的领导力。领导力意味着能为你所代表的职能部门发言，同时仍然能够与其他职能部门建立良好的伙伴关系。领导力意味着面对权威说实话，意味着调动团队的积极性和参与度。将领导和管理区别开来可以帮我们更好地理解二者，但仅在一定程度上这两个角色是连在一起的。领导者必须能够管理，管理者必须具备领导力。

> 领导者必须能够管理，管理者必须具备领导力。

在公司面临转折的时候，领导者必须非常有指导性。新闻媒体商业板块的标题往往对企业的负面新闻大肆渲染：裁员、砍掉亏损产品线、精简某些工厂和办公室。然而，同样重要的，是哪些职能部门和人员是真正需要留用的，哪些产品和服务需要振兴，或哪些员工需要被激励和恢复他们的目标感。乐高就是这样。在其拯救和复苏过程中，首席执行官袁威做出了正确的决策：他既了解每个部门，也能看到整体图景，因此并没有盲目地裁减部门。当然，其中也有过痛苦时刻，有些不得不进行的必要改变十分艰难，比如，他于2005年9月决定精简管理团队。他后来透露，他曾为此流泪。

我是供应链部门七名高管中的两名"幸存者"之一。这次精简对很多人造成了很大的震撼。很多人都很悲伤、痛苦，我们以前从未见过如此大规模的团队精简。我也曾为失去亲密的同事而悲伤，也曾经在茶水间与同事讨论下一个会轮到谁："会是我吗？"这是一个充满希望的时代，也是一个风险巨大的时代，因为公司命悬一线。我们必须在取舍两者之间进行适当的决策，在问责制和绩效管理，以及对员工的支持和培养之间取得平衡。

我决定我必须带头——员工的士气没有被摧毁，但显然已经动摇了——我写信给我的团队，我称之为"致新组织的信"，来描述透明度和绩效文化。我开始向团队灌输"兑现承诺"的理念。大约15年后我再次阅读这些信，仍然觉得自己当年写得很好。情感和逻辑都很突出。如果二者有轻重，关于情感的部分是更强烈的。这种强调很重要，因为人们正处于震惊之中。经过对供应链部门高级管理人员的大裁员，即使是那些从商业角度来看最支持变革的人也会感到一些恐惧，担心没有人的饭碗是安全的。这样的心理地震需要领导层做出敏感又坚决的反应——这并不容易实现。

我提出需要关注供应链，以终为始，逆向工作，从客户需求出发。我承诺身体力行，来修复需要修复的东西。这封信也唤起了我的团队成员对自己所从事的事业的感情——我们为全世界的家庭生产玩具，我们有机会拯救一个著名的、受人喜爱的品牌，让它重焕光彩。

> 以终为始，逆向工作。

我并不想说我当时所做的一切都是对的。无论如何，商业上的进步就像生活中的一样，往往是跌跌撞撞的。但团队确实重新集结起来了，在我们已有的基础之上重新开始成长。结果证明它足够强大，能够支持乐高下一轮更新的，老实说是异常强劲的持续增长。在撰写本书时，乐高已经超过 15 年连续超预期成长。

是时候坦白了：我们赢得了胜利

在比隆那难忘的早晨举行的会议上——在高级管理人员大裁员之前不久——我们不得不面对需要在整个业务范围改善数据、透明度和沟通的众多难题，并且更好地匹配需求和供应。我不确定我的强硬信息是否会受到欢迎，也不确定我能不能得到足够的支持。有些人肯定会排斥提高透明度的要求，他们并不认为自己在阻挠进步或不够专业；相反，这是一场文化冲突。组织文化经过多年在大型复杂企业中的演化，每个部门都已经形成自己的文化——这本身不是问题，只要大家能够学会合作。

当我们开始引入更强的透明度并要求数据的时候，认知冲突开始了。我们在北美开始的规划和物流方法，后来推广至整个集团，这些方法强调了整个价值链中清晰数据的重要性，将整个组织理解为一个生态系统。从这个角度来看，我们必须获得来自制造方面的相关信息，以帮助我们平衡供需。然而，对在丹麦的一些人来说，我们的要求被视为一场"入侵"："你们在教我们做事？"或者更甚，我们对数据的请求被视为官僚作风的体现。我可以理解他们的抗拒心理，虽然这很令我们沮丧。有时我们甚至无法查看像有多少制造模具这样基本的信息。在销售部门，有些人认为我们应该简单地按他们的要求生产，但我们的回应是，我们一直在这么做，结果导致了太多浪费，所以部门间的谈判十分艰难。我们遇到的阻力甚至大到他们不给我们数据的程度，因为他们觉得给我们的数据会被用来对付他们。当我警告大家，现有数据不够精准，很难实施新的信息系统时，我被人们指指点点，说我"见了鬼"。丹麦文化崇尚共识——这可能是一个巨大的优点，但在需要快速决策、快速行动的危机情况中就变成了缺点。但我还是获得了一些盟友，其中包括有数据处理经验的人。商业上的许多成功，源于在一些比较乏味的任务上纪律严明，言出必行。

我在规划部门的一位伙伴是一位美国女士，也是一位优秀的专业人士，曾来比隆帮助我们推进改革。即使我们有袁威的支持，她和我还是遇到了很大的阻力：我们原本期待的实施过程变成了对新系统优缺点的讨论——而我们本来有理由相信这些问题已经解决了。有一次，我的美国同事甚至威胁说我们应该放弃丹麦，并返回大西洋对面去。我们离开了会议室，给了丹麦团队一些时间进行内部讨论和制订计划——我们回来后，他们设计了一个需要数周时间的计划。我当然拒绝了。我们的公司已经火烧眉毛了，我们需要在五天内做出改变。生产线在闲置，而我们却无法交付产品，这些都必须尽快改变。

当我从酒店走到总部时，我意识到这个问题是系统性的，而不仅仅是我们部门的问题。我决定，如果我无论如何都会成为替罪羊，那我宁愿在我的评估报告中保持诚实和坦率。我宁

> 我宁愿因为诚实被解雇，也不愿和有些人一样抱着否认的态度拒绝面对现实，与公司这条大船一起沉没。

愿因为诚实被解雇，也不愿和有些人一样抱着否认的态度拒绝面对现实，与公司这条大船一起沉没。所以，我的演示开始之后，我直接问袁威，是否可以让他身边的销售人员解释一下为什么需求无法被满足。因为没有任何制造部门可以满足如此巨大且不可预测的销售波动。

事后证明，这次会议是一个转折点，高级管理层开始从另一个角度看待供应链所面临的问题。我赢得了另一场战斗——一个领导者角色。不同于战略角色，这两个角色通常被认为是同义词，但在本章中，我认为重要的区别是：企业需要一个单一的战略，而且是一个需要不断更新和迭代的战略。但是——这是一个很重要的"但是"——这并不意味着内部领导者们——包括部门职能领导和其他经理——都要顺从而温和。你需要具备领导力：面对权威者说真话的能力。管理角色中的这种类型的领导需要具备自信与合作性以交付战略目标，而战略又旨在取悦产品或服务的最终消费者。企业是一个复杂的有机体。在实践中，各专业职能负责人需要同时捍卫该职能部门的利益并与其他部门进行合作，在微妙的平衡状态下与他人密切联系，形成有创造性的张力。

鼓励在公司内部培养领导力

前几章，特别是第5章，描述了袁威于2004年担任乐高首席执行官前，公司所犯下的一系列战略错误。袁威上任之后，监督公司进行了有效的战略更新。与此同时，他了解了不同职能部门的贡献，并确保很好地掌握运营的基本情况。首席执行官不能直接管理每个职能，他必须鼓励公司内部的领导力。如前所述，运营和战略问题相互交织，必须并行处理，而不是按顺序处理。

袁威着手研究并了解品牌的优势和业务的弱点是在2004年前后。他着眼于增长潜力和利润率，并指出，在20世纪90年代和21世纪初期的推动增长和多样化大潮中，没有人关注运营给业务带来的复杂性。他发现，核心粉丝群认为公司迷失了方向，于是试图重新激发他们的热情。

精简业务必须小心谨慎。在一个公司的紧急抢救阶段，轻率地削减成本可能会使事情变得更糟，因为削减错误的成本模块会损害客户体验或损害吸引新客户的能力。虽然削减亏损产品和部门的优点显而易见，但这也可能是一个错误，因为今天的亏损项目可能是明天管理更好的情况下的摇钱树。最重要的是，产品需要支持核心愿景——客户对我们品牌的理解、客户认为我们应该提供什么。袁威知道这是个要点，他的分析很透彻。他没有惊慌失措，也没有操之过急，而是花足够时间了解业务、市场和形势。在他推动组织更加专注和自律的过程中，我们成了"天然盟友"。几个月来，我一直在推动我的团队贯彻"兑现承诺"，以减少不必要的复杂性。这在我加入公司时已经是棘手的大问题。他认为我是一个以支持他愿景的方式推动公司改革的人。

袁威不是一个象牙塔里的战略家，他对运营非常有兴趣。在公司扭转局面的初期——"现金管理"阶段，他想要的是一个行动计划，而不是战略。这个情况和我加入北美分部的时候类似，解决运营问题刻不容缓。作为担任首席执行官做的准备工作的一部分，袁威向高级管理人员逐一提问，全面了解业务。他的研究是透彻和专业的。在他担任首席执行官的早期，他对我们在美国推行的需求和运营规划系统很感兴趣。他邀请我去丹麦，并让我解释这个系统是如何运行的，以及这个系统为什么很重要。我让他明白了这个系统的重要性。2004年，我获得了第一个集团级角色的任命，担任规划和后勤负责人。这是对我和美国团队投下的信任票，使我们能向整个企业介绍我们的工作方式。他的周密准备帮助他做出了正确的决策，并有效地支持了运营。作为结果之一，在比隆举行的关键会议上，问题暴露无遗。

初见成效……

随着我们改革的实施，减少组件种类，对产品的盈利能力、产能、需求和差异化进行更好的数据分析，效益开始提升。减少组件种类这一项就带来了多种好处（见本书第 8 章）。在企业管理中，很少有成效这么好的改革措施：这远远超出了预期，而且来得更快。在运营上，我们更好地控制了成本，扩大组件的可适用性，并获得了更好的供求匹配能力。在销售端，业绩在 2005 年初开始重新上升，在转型不久公司就进入了盈利期。我们重新推出乐高城市系列、DUPLO 系列、技术大师系列和头脑风暴系列产品，而这些带来了销售增长。随着运营部门在公司内部影响力的提高，创新非但没有受阻，反而变得极具想象力。

然而，到了 2005 年 9—12 月的关键时期，我们仍然有很多顾虑。我们所做的改革初见成效，但不能保证这足以扭转我们前两年严重的财务亏损。圣诞节前夕对于任何一家玩具公司显然都是一个至关重要的销售期。需求是上升的，但我们面临的双重挑战是，在保证质量的前提下供货充足，并且"知道"我们可以有效满足这一需求——后一个挑战要求我们在整个供应链中拥有准确的数据。在这一点上，我每天向我的团队强调。创造透明度并让人们承担责任是这次改革的重要组成部分。直到10月的第三周，我们开始有信心，觉得我们能够满足圣诞节需求这个雄心勃勃的目标。

  我们做到了！销售超出预期。供应满足需求，质量没有降低，客户很高兴。2005年底，公司三年来利润首次转正。从我们这些负责人的角度来看，我们对于供应链所做的变革明显发挥了决定性的作用。我们开始甩掉"浑蛋公司"的污名（完全脱离它还需要数年时间）并建立了信誉。我经常引用的一句话是："谈判桌上的每个人都是平等的合作伙伴。"

总结

领导力通常被等同于战略，而本书描述了更细微和复杂的现实：每个职能部门都不应该有自己的战略，而是必须支持公司的目标和整体战略。但每个部门负责人确实需要展示领导力：激励团队的能力，代表团队谈判的能力，表现出自信和协作能力的协调。领导力是管理者职责的一部分，绩效的任何持续改进都涉及领导行为。首席执行官同时需要确保围绕连贯战略的方向，并在管理人员中培养适当数量的具备领导力的人。

本章的主要原则

- 运营经理需要领导能力。他们要能够在发现问题时采取主动，并且在团队中灌输自豪感、目标感和方向，同时代表内部的利益。

- 企业内部负责人需要与其他职能部门建立伙伴关系。

- 在业务转型中，确定哪些业务需要保留和恢复与削减业务同样重要——确定哪些项目、产品和服务具备增长潜力需要详细分析。

如何实践上述原则

- 面对权威要敢于说真话。一般来说，如果你看到一些东西是错误的，或者有必要指出来，尽管可能会令同事或高级管理人员感到不安或不便，但还是直接说出来比较好。

- 保持冷静，实事求是——你表达自己立场的方式，或强调令人不安的事实的方式，都很重要。尊重他人，不指责；冷静陈述，坦诚表态，提供可靠的选择方案。

- 关注士气、目的和方向，以及任务和目标：不要忽视情绪。

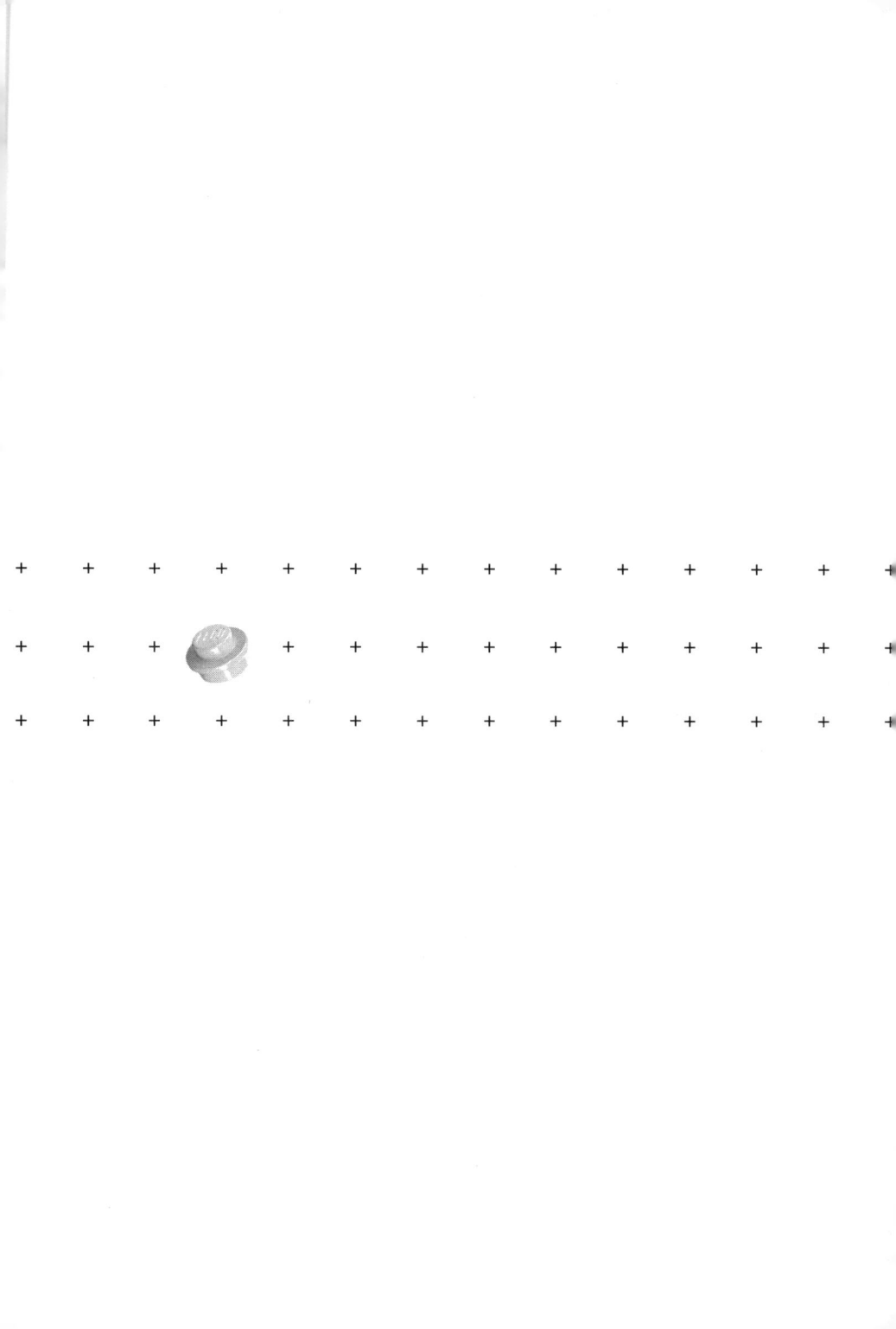

管理好
"人的系统"
是第一要务

第 10 章 CHAPTER TEN
自动化不是万能的

许多企业倾向于将一切流程自动化，并以此衡量一切。这种冲动可以理解，但这样做的后果往往是致命的。全面自动化既不是必要的，也不是可行的。企业的存在是为人服务，否则就没有意义。所有的机器和测量都是实现这一目标的手段。因此，我总是坚持"关键的少数"这一原则——专注于那些真正能够帮助我们实现商业目标、取悦消费者的关键数据（见第 7 章）。我一直抵制复杂化，宁愿让那些可以保持简单的事情保持简单，因为生活已经够复杂了。你不能衡量复杂性——变量太多而常量太少。管理是一种科学、工程和艺术的平衡——此外，它在一定程度上并不总是一门精确的科学，而是一门经验科学。最有效的规则是衡量那些能使你达到目标的"关键的少数"。我们生活在数字经济时代，并且随着互联网平台业务的兴起，它不可避免地变得更加数字化。爱彼迎（Airbnb）是一个没有房产的度假公司，优步（Uber）是一个不拥有车辆的运输公司，二者的共同点在于用数字来连接提供商和消费者。数据通常被描述为"新黄金"，这自有其道理，但像大多数被过度赞美的热词一样，它同时是一种过度简化的结果。数据只有在以下情况才对企业有用：一是相关，二是精准。

　　轻率地自动化一个糟糕的系统，可能只会让我们更快地犯错误。看！我们已经比以前更快地激怒客户和让他们感到不便！如本书第1章所述，当消费者提出要求或投诉时，他们应该能很容易地找到理解他们的处境并提供正确建议和支持的人。在这种情况下，尤其是解决得当的时候，消费者个人与产品之间的情感纽带可能变得更强大。就像乐高一样，我们始终确保有训练有素的客服来回答用户的问题和投诉。自动化消费者的反馈和评论很常见，这样做可以获得重要的信息，但如果你因为未能合格交付而收到客户的一星评论，只是统计这些信息是远远不够的。关键在于，你有没有及时道歉并提出解决方案？

在运营层面，自动化并简化流程的空间可能更大，但仍需小心对待。我经常在乐高说，塑模必须高效，包装必须有效。塑模流程中，关键词是"精益"；包装流程中，关键词是"敏捷"。出于类似的原因，我们学会了区分流程的哪些部分适合自动化。显然，我在乐高任职期间和之后，人工智能系统发展飞快，但这并不意味着自动化就是万能的。

在像玩具行业一样的市场高度波动和难以预测的行业里尤其如此。在乐高工作期间，我不得不反复处理一个类似的问题：年轻的工程师入职后自然想贡献一份力量，就提出通过自动化来提高效率。于是我经常不得不提醒周围的人，让他们先详细观察业务需求并了解整个价值链，以及考虑对激励措施的影响。例如，在2003—2004年，我被说服在包装生产线上进行数据采集的自动化。我们发现，包装人员的KPI是他们每分钟能包装多少块积木，而不考虑仓库中的库存或零售商的需求。这反过来又激励他们延长打包时间，提高他们每分钟的积木块包装数，而不是满足市场需求。一开始，我们定的目标是自动捕获包装数据，但我对此提出了疑问，认为监控包装数量是错误的，并且催生了不合适的激励措施。然而这种类型的项目——在没有充分考虑后果和影响的情况下进行自动化——在我的职业生涯中反复出现，一直到我从执行部门退休。

价值中心和成本中心

　　了解商业运营如何运作，关键是深入了解价值的驱动因素和成本的驱动因素，并将它们结合在一起。精简和控制成本通常被描述为供应链的关键，但这太狭隘了。是的，降低成本和提高效率、生产力是必要的，而且很重要，但对此进行操作的时候，需要理解这些动作对于整个价值链的影响，否则可能适得其反。在极端情况下，甚至会成为一种弄巧成拙的强迫行为，尤其是在激励措施与公司的需要、消费者和零售商的需求不一致的时候。例如，当我于2003—2004年加入北美乐高分部时，我们的业务困境导致大量现金亏空，零售商对我们抱怨连天，我们无法保障供应——各种严重的功能性障碍和一些错位的激励措施导致或加剧了这些问题，却鼓励了一种形式主义的成本削减。我们的模具不断磨损和发生故障，需要关闭机器进行维修，导致供应中断。而这是因为负责订购新模具的人被激励降低成本，他通过终止新订购来做到这一点，导致没有新模具可更换，而旧模具一直被用到远远超过可使用的生命期限。然而，当时的奖励计划鼓励了他的做法。他在评估中获得了

A++，并获得了奖金，但由于削减了错误的成本，实际上损害了公司的价值。

我对一些自动化措施的不信任，导致与我共事的一些同事错误地认为我对自动化有某种偏见。事实并非如此——自动化是一个能带来可观的附加价值的手段。我希望我在漫长的职业生涯中足够清晰地表明了我的观点，就是你应当保证对正在进行自动化的内容有清晰的了解：为什么、过程如何部署、如何为整个价值链做出贡献。部署最新潮的数字流程并不能保证你能拥有最现代、敏捷和高性能的业务，就像拥有一辆设计精良的汽车并不能保证你将是一个伟大的司机。

信息系统不能解决一切问题

我关于自动化的观点可以引申到任何一般性的新技术的引进。在整个企业中引入 IT 系统时，最常见的一种错误是将其视为单个项目，或主要是 IT 部门的技术实践，而将组织和人事管理事务放在次要位置。在实践中，它首先是一种文化和行为模式的挑战。有相当数量的文献表明，在实施新系统时遇到的失败，通常与人员管理和沟通方面的弱点有关。2020 年 8 月发表在《哈佛商业评论》上的一项研究对企业引入的如人工智能（AI）等先进技术系统进了为期 5 年的跟踪调查，得出的结论是：

> 我们的主要结论是违反直觉的。人工智能时代的竞争并不是技术驱动本身的问题，而是一个新的组织结构问题，即是否能够利用新技术激发人们最好的一面。我们了解到，引入先进技术系统获得成功的秘诀是商业模式本身，即机器与人有效结合，相互补充。机器执行重复性和自动化任务总是更精确和更快，然而，人类独有的创造力、细心、直觉、适应性和创新能力，对企业的成功越来越重要。[14]

2004 年的乐高也是如此，当时的主要挑战在于清理数据并确保其相关性，以适应新的、正在上线的 SAP 系统（见本书第 9 章）。对所有技术应用的永恒洞察是，要先理解人的系统。这不仅仅适用于人工智能和信息技术，而且适用于所有技术进步。如果你从 SAP 等知名供应商处购买系统，系统本身肯定是没问题的，决定系统能否成功地在这个企业中实施的是数据的质量和相关性、人们如何使用它，以及它们如何有效地合作。这就是视觉工厂的作用所在，但不幸的是，围绕乐高文化的一些遗留问题对此造成了障碍。

这些观点再次强调，管理是一种科学、工程和艺术的平衡——对于这一点，企业家比投资人更能理解。管理不仅是科学，或者更准确地说，它包括经验科学、测量和数据。人们对精准测量的渴望是可以理解的，而且我完全同意准确而相关的数据是必不可少的，它们支持你面对事实而不是假设。但是，并非一切都可以测量。在创业阶段尤其如此，就像 iPod 的发明者和 Nest 的创始人托尼·法德尔在为本书接受采访时所说的一样："数据人员想要一份数据报告。每个人都想通过计算来表明自己的论点是合理的。世界上存在基于意见的决策与基于远见的决策。总有人忍不住想把上述两者转化为基于数据的决策。但你永远不会成功，因为你永远不会在决策前得到足够的数据。在 2.0 版本和 3.0 版本中，决策可以更多地由数据驱动，或由数据加直觉驱动，但在 1.0 版本时不可能。我们不知道，但我们判断世界正在往这个方向发展，这样我们就不会永远是错的。这个就是趋势。几乎每个人都通过实践、失败以及优化来学习并再次尝试。几乎每个人都希望通过由数据驱动的分析来做出决定，他们想要奖金，但在开始阶段，这是不可能的。"

总结

数字革命是真实的,它正在进行。与所有技术突破一样,它拥有很大的潜力。在社会和政治领域,人们担心数字公司对个人数据的处理,以及社交媒体上极端群体的"信息茧房效应"。与此相反,数字革命也带来多种新的方式,能将人们以有益于社会的方式团结在一起。在商业方面也一样,数字系统可以极大地增强人的能力,但前提是"人的系统"运转良好。新技术就像是汽车,而你就是司机。

本章的主要原则

- 技术是达到目的的手段,管理好"人的系统"是第一要务。
- 部署最先进的技术和数字系统不能保证更大的有效性;同样地,拥有最好的汽车并不会让你成为最好的司机。
- 在没有充分考虑新流程如何融入整个价值链的情况下盲目进行流程自动化,可能会导致企业更快地做错事情。

如何实践上述原则

- 始终关注新技术——所有类型的新技术——但是在评估如何部署它们时要考虑它们是否适合整个价值链和"人的系统"。
- 并非所有东西都可以精确监控和测量——有效的管理决策经常需要将数据、定性洞察力和判断力结合起来。
- 注意财务激励与自动化流程的互动关系。
- 尽量确保有真正需求的消费者或投诉者能够很容易地与训练有素的顾问交谈并寻求帮助。

深刻而坦诚

的谈话

第11章 CHAPTER ELEVEN
目标感提升业绩

如果要给本书总结一个贯穿所有章节的主题，那就是：打破壁垒，将人与人连接在一起。这不仅包括从我还是一个小学生的时候跟英国朋友一起听披头士，到我们足够大的时候打破对传闻中的种族歧视的恐惧一起去酒吧；还包括在我的职业生涯中鼓励跨业务学科合作，克服偏见，让企业中被视为初级或处于"底层"的个人参与重大决策，并将企业视为相互依存的有机体，而不是一系列静态的部门。

作为一名亚裔英国人，我在欧洲社会中所遇到的歧视是一项挑战，而社会正在越来越多地认识到这一点。但是商业社会中另一个没有那么明显的歧视，在我从事供应链管理的工作生活中给我造成了巨大的挫败感——象牙塔思维。这种思维自动将战略、创新、设计和品牌视为"性感的"或"增值的"，将运营、供应链和物流作为可替代的或从属性的。这种鄙视链的存在既不合理又没有任何益处。供应链是连接人们的一种方式。它不仅仅是成本中心——这种误导性的概念已经在管理界流行了一段时间，但我们有时候还可以在身边体会到这种态度。它可能导致外包了不适合或计划不周的项目，以及忽视客户服务。管理好供应链需要智慧和创造力。此外，供应链也是兑现承诺的核心。

与此概念相关的是对目标重要性的理解，以及如何调动企业内所有人的技能、努力和求胜心。本章专注于这个关键的维度，以及为支持这一维度而进行坦诚沟通和有效谈判的必要性。一个公司的业务要有效，大多数成员，尤其是关键职能负责人，需要真正相信和希望公司能够成功，而不是追求那些为了满足个人面子和自尊心的项目，或者只是在某个雇主那里打发时间，粉饰他们的简历。

团队合作、沟通和卓越运营

要举一个最生动、最能说明目的重要性和业务运营的千丝万缕关系的例子，莫过于我和乐高营销主管马德斯·尼佩尔之间的工作关系。我们具有不同的专业背景，经常观点迥异，但我们两个都是各自领域的专家，并同样致力于公司的整体成功。

事实证明，如果我们两个不努力经营我们的关系，我们不可能迅速解决重大运营问题，并在2005—2012年乐高的周转、恢复和成长阶段的关键时刻有效落实战略。如果我们不刻意努力，那么我们不同的思维方式和做事情方法，太容易导致危机的产生了。在为这本书做准备时，我对马德斯进行了采访，我们重拾了这个话题。即使离开业务一线多年，我们两个仍然经常不得不在某些事情上无法达成一致意见，只能各自保留自己的观点。但因为我们建立了一种牢固的、基于相互尊重和公开讨论的伙伴关系，我们解决了当时面临的主要挑战。在采访中，马德斯说："我认为，老实说，巴利，从根本上是我们在经营这家公司。我们确实没有拿出非常具有前瞻性的战略，也没有决定未来的大战略——那很大程度上是袁威的工作——但实际上，所有短期工作的计划和执行都是由我们完成的。"

在乐高，我们努力处理人际关系，因为我们意识到这是公司扭亏为盈以及维持业绩的核心。这些行事方式后来被保留下来。我们从一位与我们密切合作的专业商务教练那里获益颇多。但值得注意的是，我们的一些财务或运营部门的同事没有那么热心于理解人际关系、动机、沟通风格的重要性。相比之下，马德斯和我可谓是最热心的学生。作为本书准备工作的一部分，我们回顾了我们过去在谈话中的分歧，这使我深深地意识到执行和人际关系是如何密不可分的。我希望这个见解能够对同人们有所启示。

> 执行和人际关系是密不可分的。

马德斯和我有不同的专业背景，因此我们看事情有着不同的优先级和不同的心态。我是供应链专家，他是营销专家。在乐高从危机中走出来的岁月里，我们经常有不同的观点。我提出的提高运营效率的问题，与他作为创意人才，致力于确保乐高玩具的设计保持在行业前沿，在本质上是冲突的。马德斯把我的一些建议称为"鞋子里的石头"，但也提到了由商务教练辅助的讨论对我们有所帮助。他回忆起有一次我建议将乐高打造为"玩具界的丰田"，而他对这个提议非常不能接受。我当时的野心是向这家日本汽车制造商学习，因为它不仅质量出色、团队合作优秀并能够持续不断地改进服务质量，更有一个模块化的设计系统，能够将同样的底盘或车轴用于多种车型——就像我想最大化乐高核心组件的使用范围一样。

但马德斯对这件事情的看法不同。他回忆说："这个说法对我来说很难接受，因为我认为丰田是一个运行良好的大批量生产型公司。丰田车是高质量的，但它的产品绝对不包含感情，没有欲望。那是给那些只想要交通工具的客户的。我说：'那不是乐高的意义。乐高让人兴奋，这是世界上最好的游戏体验。他们怎么能想出这样侮辱性的比喻？'我记得在一次会议上，我实在受不了了，向你提出了质疑，我说：'这对我来说真的很痛苦，因为我觉得我们两个是鸡同鸭讲。'然后你解释了你的意思。你并不是想让乐高成为丰田那样的性价比品牌，而是渴望学习和采纳丰田的生产系统，并致力于思考我们如何才能达到丰田那种生产效率。我说：'啊，我明白了。'所以，像这样的时候，我感觉商务教练的工作方法很好地帮我们去除了那些'鞋子里的石头'，尽管我们对对方的职业永远存在巨大的相互尊重，但我们还是会无意地造成这种不舒服的情况。"

根据他的经验，这些研讨大大加强了我们之间的关系，虽然不是高级管理团队中的所有关系——部分是因为一些人不喜欢参与这些"软绵绵的东西"。这进一步体现了团队工作的复杂性。马德斯补充说:"从团队整体的视角出发,它(促进团队协作的工作)不能说完全成功了,但在加强公司基本运营轴这两个部门的关系上,可以说非常成功。你和我,甚至在参加商业教练培训课程之前,就知道我们俩只是在努力做对公司有利的事情。"

同样地,马德斯最初反对我围绕核心运营模式经营公司的计划,而袁威批准了它。马德斯尝试过反击。他说:"我认为发生的事情是两种思维方式的碰撞,因为我认为你和袁威都有这样的想法,你们认为这种运营模式的概念能够体现我们的真实工作——我们运营公司的基本原理是什么?我们如何保证那些流程的前后连贯?我们如何确保高管们支持我们?诸如此类。"

对马德斯和其他营销人员而言,他们恐惧的是与丰田引起的担心类似的问题:我们是否也会变得如此专注于运营效率,从而失去乐高所赖以安身立命的活力和创造力?又一次地,我们只有在我们的工作伙伴关系上下功夫,共同探讨问题,才有可能解决这个问题。

马德斯回忆说:"尽管我在那个时候觉得很痛苦,但实际上,对我来说这是一次非常重要的学习经历。我认为,互动和摩擦，尤其是你和我之间的辩论，实际上对我们后来取得的成功是至关重要的。因为如果我们没有进行（这个讨论），那么这些摩擦就会发生在其他地方。我仍然记得我曾说过'我不会赞同一些我不明白的（运营模式），也不会在公开发言中支持我自己都解释不清的观点'。你非常生气，因为你说'是的，我们可以解释一下，但我们只能解释到这一步'。而我表示我坚决不会接受这些，因为我不会在沟通会议中支持我不明白的东西。"

马德斯觉得，如果设计被简化为一个过程，那么就表示对原创性和创造力缺乏足够的重视。他想让我们更多地重视"公司最重要的纪律——我们能否创造出很棒的产品"。我同意这个观点。我们的分歧不在于观点，而在于细节。对我来说，强大的运营平台为创意奠定了基础，我想增强创造力，而不是遏制它。而我倡导的举措是简化流程、减少组件种类并提高供应链可靠性，目的是解放设计师，而不是限制他们。我们最后发现，我们之间的不同点其实很小，但因为我们有不同的心态——反映了我们不同的专业背景——这些不同被过度放大了。只有努力处好我们的关系，并且通过深入讨论，才有可能实现这一联合举措。我们认为，我们两人的公开辩论防止了在业务的其他地方出现更大的摩擦。马德斯说，如果处理不当，这些不同可能早已经演变成管理层内部的派系阋墙和对立。

你真正想要的是什么？动机的重要性

业务环境和领导者的素质显然是最重要的，但一个不可忽视的维度是个人的驱动力。这个人想要的是什么？他们真的在努力吗？他们是否希望这家公司成功？还是他们在原地踏步，等待下一次机会？他们是否更多地推动一项倡议，因为它将来会在简历上看起来不错，而不是因为它会提升现在这家公司的销量或运营效率？

在我与马德斯·尼佩尔十多年的工作关系中，我们有很多分歧。我们不能一致同意应减少多少组件种类，我们不能一致同意是否应该用矩阵决定不同中央操作系统的重要性，等等。我们也在很多事情上达成过一致意见。将我们联系在一起的是共同的职业道德：我们充满热情，真诚地希望乐高成功。我们的争论往往是关于手段，而不是目的。

我经常看到项目出错或出岔子，在某些情况下是因为经理人缺乏这种基本的、对业务成功的全心承诺。相反，他们着眼于下一份工作并寻求为自己的简历添加相关的经验。对于高级管理人员而言，不存在监控或处理下级经理人的野心和公司利益错位的好的办法——这些错位有时候是极为严重和持久的，而且，毕竟，我们都有私心，没有人是完美的。问题在于提高普遍的敬业精神和沟通意识，尤其是在招聘阶段。

总结

团队的目标一致对于兑现承诺至关重要。这听起来好像没什么，但在实践中可能很难，因为专业观点、个性、部门短期利益的不同，会导致各种错配——或者由于不同词汇使用习惯和文化冲突，产生表面的错配。只有通过深刻而坦诚的谈话，才有可能解决那些最困难的异议。妥协或适应可能是必不可少的。反过来，选拔、招聘和组建团队的时候需要确保团队成员是那些致力于帮助企业兑现承诺的。武断地将商业学科划分为所谓的"硬"和"软"毫无意义——这一点我将在接下来的章节讨论。

本章的主要原则

- 供应链不只是成本中心,而且是一种连接人们的方式。
- 共同的目标感对于交付你的产品、承诺并确保有效运营和商业成功至关重要,尤其是在关键功能中。
- 文化、专业背景的差异,很容易造成误解,但如果大家心中都有帮助企业成功的良好商业道德,这些是可以克服的。
- 两个或两个以上的人持有对战略的不同看法或策略是完全可以接受的,若有一个讨论会来讨论这些将会很有用。

如何实践上述原则

- 如果存在明显的强烈分歧,可以深入挖掘以辨别真正的分歧或其他区别在哪里。
- 专业协调师可以帮助同事解决分歧和改善工作关系。对某些具有战略意义的关系而言,这甚至可能是必不可少的。
- 在艰难的谈判中,没有必要在每一个点上都寻求"胜利";确保整个企业的生存和茁壮成长才是压倒一切的客观需要。

尝试了解某人的

动机

第 12 章 CHAPTER TWELVE
把管理问题分为"硬"和"软"是错误的

公司中的一切都是相互关联的。公司业务是个有机体,是更广泛的生态系统的一部分,这个有生机的比喻,远比把公司称为一组冷冰冰的结构更为贴切。将公司理解为一个有生命的实体,这种重新定位具有深远的影响。其中包括,这意味着商业学科中将"硬"学科和"软"学科之间区别开来的做法的终结,并迫使人们将一切视为相互关联的;商业领袖需要充分认识到这一点,并了解那些不佳的绩效或低下的效率通常有各自的心理根源——目标不一致、部门竞争、野心受挫、沟通不畅等等。其中涉及专门的心理学和群体心理学。但把管理划分为

"硬"学科和"软"学科确实忽视了心理学常识和关系，并对业务结构或成本决策带来了灾难性的结果。所有真正的生意都是人的生意。动机、人际关系和士气等因素是重要的变量，无论是在考虑外包决策时还是设计领导力发展计划，或者提高员工敬业度项目的时候。乐高与伟创力的外包关系中遇到的种种困难（见第6章）（在我看来）不仅涉及商业模式不匹配和核心竞争力的误判，还涉及文化和人际关系。这些因素是互相作用的。

> 所有真正的生意都是人的生意。

在商业评论中，对人力资源专家或人力资源部门缺乏商业逻辑的批评是很常见的。通常，这也是一个公平和有用的批评。在我的高管生涯中，有时我会干预人力资源部门做出的决定，以鼓励他们产生更强烈的企业责任感。然而，硬币的另一面是，专业领域中的许多人，例如工程师或金融专业人士，不重视心理学和人际关系的重要性，而这也是一个同样严重的错误。我不止一次听到人们说，他们不想与"人力资源部门指定"的任何东西有任何关系。在我的经验中，

> 专业人士不懂人际关系，与人力资源专家不懂公司赚钱的逻辑一样是错误的。

专业人士不懂人际关系，与人力资源专家不懂公司赚钱的逻辑一样是错误的。我们只有协作才可能达成公司目标，理解人际关系、个人抱负和沟通至关重要。企业的各个方面、可执行性和关系性是紧密联系在一起的。我是供应链专家。每当我看到业务运营部门的效率和质量下滑的时候，总是能发现背后有强烈的行为和情感因素在起作用，例如带有误导性的个人动机或隐藏的不同理念等。

我对关系的这种相互联系的理解和实际操作方式，近年来已经得到了管理学界的支持——例如，波士顿咨询公司的顾问伊夫·莫里欧。伊夫是我们在乐高的咨询师。他曾告诉我们，如果你明白人们的目标、资源和约束条件，你就可以很好地理解他们的行为。我发现这是一个极有价值的指南。他也有力地论证了将业务划分为"硬"和"软"是武断且无益的。你不能分开心理因素和执行因素，因为最终是由人决定他是否为你提供服务。

在2014年一场激情洋溢且令人印象深刻的TED演讲中，他描述了企业如何从努力提高生产力和效率，最终却变得复杂和官僚化。根本原因是错误地认为"硬"和"软"的区分很重要。

"我们的组织方式基于两个支柱。'硬'的——结构、流程、系统，'软'的——感觉、情绪、人际关系、性格、个性。并且无论一家公司如何重组、再造、文化转型，它都需要这两个支柱。现在，我们尝试改进它们，我们尝试结合它们。然而真正的问题是……这些支柱已经过时。一切你在商业书籍中阅读的基于这两个支柱的一个或其他组合的理论，都已经过时了。"

在演讲中，伊夫提请观众注意，我们经常听到的围绕所谓的"硬"管理领域的讨论更多的是隐喻和代指，而不是描述商业事实。他说，在解决所谓的"硬"问题时，一般会"从战略、需求、结构出发，梳理流程、系统、KPI、计分卡、委员会、总部、枢纽、集群等（我记不住那些指标、激励措施、委员会、中间办公室和对接渠道）。结果是，你不得不面对更多的复杂性。这是业务的新复杂性"[15]。

组织结构图、报告线和进展报告不是真正的业务，它们只是真实商业情景的代理或描述。真正的业务涉及人及其所承担的责任和任务。当伊夫参观乐高时，他对视觉工厂会议方法大加赞赏（见本书第7章），因为它涉及会议室里实际负责任务的人，这些人直接就手头的任务进行讨论。我在乐高引入了视觉工厂方法，它最初在北美分部施行，随后推广至整个集团的相关业务并被其他业务采用。

这里并不是说指标、KPI等永远不会发挥作用，而是要明白它们不足以替代更直接的问责形式,并且"硬"和"软"问题之间的错误二分法倾向于鼓励这些代理指标的扩散,从而使讨论脱离现实。这点类似于拉姆·查兰和拉里·博西迪的《执行》一书中(见第3章)的观点,即高管没有清楚和彻底地了解运营现状。在担任乐高首席运营官以及后来担任首席执行官期间,我面临的一个持续的挑战是,清除这个历史悠久的优秀企业中迅速增长的复杂性,就像清除土地里的杂草。

团队建设:想清楚目的是什么

强行把业务划分为"硬"和"软"具有另一个问题,它经常导致次优化的部门关系和团队建设的方法,以及业务绩效和问责制。根本问题在于两者的分离。很多人都曾在沟通很差或部门间协调不足——不充分的指导反馈,资源不足,不切实际的期望——的企业工作过;然后被派去参加尴尬的"团建",通常是一天不用上班,参与从智力测验到户外运动的各种活动;随后被送回职能严重失调的工作场所,并被领导们期望完成更高的绩效。这代表了一种极端的错位,几乎注定要失败,甚至可能产生适得其反的效果。因为它提高了管理层对员工付出更大努力的期望,但这是不可能交付的。

在我的职业生涯中，我开始怀疑许多团建或集体活动的价值，或者那些虽被称为"团队建设"，但实际上是社交性的活动。一些经理可能将社交活动称为"团建"，因为这样就可以把相应的开支算作业务费用。如果你想用有趣的活动奖励人们，那很好，但最好是目标明确的社交娱乐活动，例如大家去玩保龄球或卡丁车。真正的团队建设包括对真正的问题的严肃讨论，而不是回避困难的对话。团队成员可能有不同的观点，并且具有不同的背景，但重要的是你们有共同的使命感并致力于建立信任。你培养团队求同存异的能力（见第 11 章），专业人士疏导讨论以改善沟通和关系有时候会有帮助。大多数员工都想做好自己的工作，并为他们的工作感到自豪。为一个团队引入"兑现承诺"的胜利经验，并因此获得客户的赞扬和嘉奖，才是最成功的团队建设。我有点同情露西·凯拉韦（Lucy Kellaway）在 2011 年《金融时报》上讲的那个故事中的银行家，银行家说："春天来了，这是一年中无可躲避的时刻，我们的老板们还觉得团建是一件十分欢乐的事。作为一个与年轻 20 岁的同事一起工作的银行老职员，我真害怕这件事儿。我不想把宝贵的周末时间浪费在那些和我孩子同龄的同事、过分热情的气氛组和虚假友善的波希米亚风聚会上。我知道，到了星期一早上，我该不喜欢谁，仍然不喜欢谁。"

凯拉韦女士向他表示，拒绝这样的团建邀请是完全合理的。但有一条：道理上来说，鼓励管理层内部的密切合作和工作团队间的合作也是绝对必要与合理的。流行的团建方式——共同出游或周末活动——的问题在于，这和你作为工作的管理团队所需要进行的实际任务、讨论毫不相关，完全可以被免除。我认为，专注于工作中实际会使用的技能和会发生的对话，那些能帮助你交付的要点，会更为有效。在乐高，我们有一个非常强大的企业教练，他的干预对乐高的转型作用巨大。企业教练的工作当然不是"软"的，实际上有时相当粗暴。但是它在许多方面也被证明非常有效，而且展示了多个团队和交互联系的多个业务带来的无限复杂性。

总结

在复杂的业务中，没有什么是可以被清晰划分的。作为乐高前任营销主管的马德斯·尼佩尔和我都发现，乐高的运营、营销和设计必须放在一起考虑，我们的工作不可能被分成"硬"业务和"软"业务；更重要的体会在于，"硬"业务和"软"业务实际上并不存在。对一些人来说，这两个术语可能能帮助他们简单地识别不同的管理学科；但危险在于如果你真将"硬"业务和"软"业务隔离，并据此定义管理任务的类别，那么可能导致团队建设缺乏目标和焦点，以及忽略沟通和关系在技术或运营工作中的重要性。

本章的主要原则

- "硬"和"软"管理学科的概念是个随意的隐喻，可能并没有实际用途，尤其是当它们导致实践上各个部门的关系分离时。
- "硬"管理概念的过度使用往往会导致官僚主义和复杂性。
- 最好将关系和操作统一起来，才能密切关注实际业务。
- 一个团队中最具激励性和吸引力的体验就是成功地共同兑现承诺，让客户满意。
- 团队只有在参与者真心希望帮助企业成功的情况下才能发挥作用；有时，个人动机会造成失真。

如何实践上述原则

- 与团队目标和所需技能无关的团建可能是无效的。最好的团建应该直接支持团队工作。
- 如果活动的主要目的是建立社交联系，最好有一个明确、有趣的活动。
- 为了建立一个多学科的、专业的团队——尤其是在关键项目期间或者转型期间，激烈、开放的对话经常是必要的。不同学科的人带有不同的心态和视角,专业的商业教练可以帮忙协调这些不同学科的人之间的沟通。
- 尝试了解某人的动机:如果一个人在推动某个项目或倡议,努力弄明白他为什么这样做。

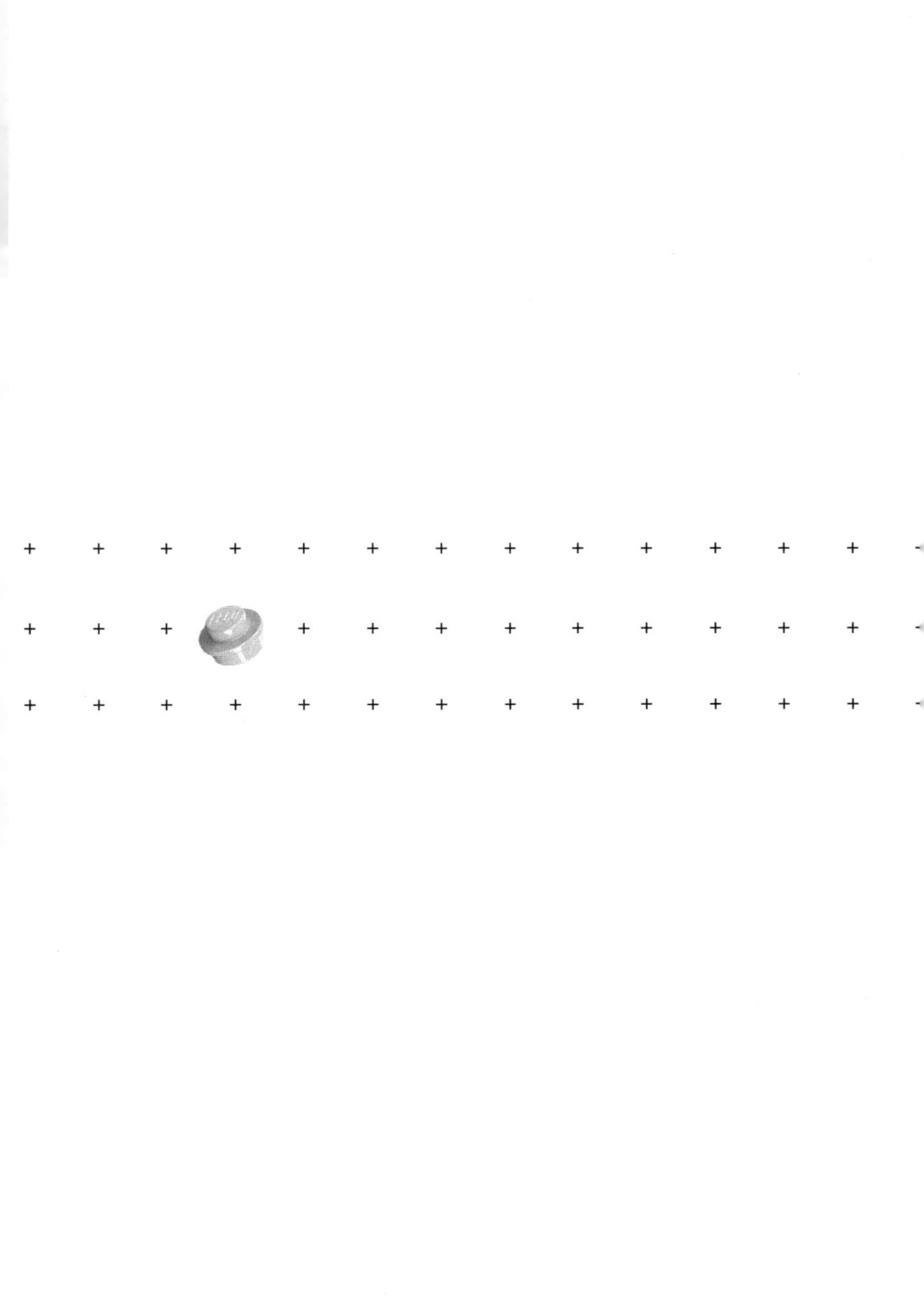

把基本功

做扎实

第 13 章 CHAPTER THRITEEN
至简成长

许多商界人士都知道，乐高公司在2002—2004年几乎破产。更多著名的品牌在过去20年间消失了，而我们当年也离此不远。乐高的生存和复苏并非必然。其中，公司的战略更新是商界众所周知的，但它供应链的修复（对转型同样至关重要）却一直不为人知，这本书讲述的正是这个故事的一部分。正如你现在已经意识到的那样，乐高的复苏和随后的复兴，很大程度上归功于首席执行官袁威的认可，即我们供应链部门在这次行动中的贡献是核心的，并且证明了自己和其他任何人、任何部门一样有能力创造核心价值。

在我在乐高15年职业生涯的早期，我们做过一些艰难的决定。我获得了一些相当诙谐（至少，我是这么理解的！）但有点不讨人喜欢的昵称，比如"满腹牢骚先生"或"不行博士"。确实，我不喜欢浪费、缺乏责任感和马虎；我坚持包装错误应该归零，供应链复杂性应当降低，并应坚持不懈地关注消费者的需求，这些都通过视觉工厂得到了实现。我相信如果没有这些纪律，公司当年不可能生存下来。

在我们扭转了公司的命运并恢复增长之后，我很高兴成为一个辉煌成功故事的一部分。然而，惊人增长带来的压力更大，远远超出我的预期。它提出的问题被我称为"好问题"——如何雇用足够的员工，如何确保供应——但这些仍然是挑战。我在这些年头学到的东西和我在扭亏为盈阶段学到的一样多。一个组织即使在巅峰时期，也会有隐藏的漏洞。没有什么是完美的，没有什么是永恒的。只是每一次危机中都有希望，每一次繁荣中都有风险。

我在职业生涯中遇到的另一个常见的误导性信念，就是商业上的进步是线性且必然的。而事实是，它需要不断地训练。并非所有的改变都是好的，有效的管理需要计划、培育以及创新。一些人的习惯，包括高智商和高素质的人的习惯，可能让生意偏离正轨，因为我们都无法摆脱自大、误判、集体误解和自满的诱惑。我们可能会雇用太多人。我们开始做一些为个人留下名声的项目，或能获取短期财务收益但不可持续的项目，而不是真正能够帮助企业发展的项目。我们感情上的依恋或者对过去的成功的迷信，使我们难以抛弃那些已经过时了的做法。

到21世纪第二个10年中期，乐高在以袁威为首席执行官的成熟领导团队的领导下，已经连续10年实现增长并赢利。然而，没有什么是永恒的。马德斯·尼佩尔，一个才华横溢、雄心勃勃的销售和营销天才，乐高的首席营销官，于2014年被任命为格兰富（一家生产泵和泵设备的丹麦工业公司）的首席执行官。到2016年，袁威已经担任首席执行官十余年。内部的变化和成长为乐高带来了新的机遇。克里斯蒂安森家族想要创建一个名为乐高品牌集团的新实体，以探索新的创新和投资机会，与核心公司分离（类似于Alphabet集团与谷歌）。

乐高是一家单一品牌公司。众所周知的商业逻辑是，在一家老牌公司内部创造全新的产品本身就存在问题：要么所有力量和资源被吸进旧品牌，阻碍新企业或新举措取得成功，要么新产品成功了，旧产品就被忽视。在这种情况下，最好的做法一般是分拆出一个新的企业，或建立一个不同的实体，用于开发具有新品牌的新想法。乐高品牌集团将有收购公司的能力，以投资于如3D打印等技术带来的新机遇。在新公司里，它不会分散乐高的注意力，或与乐高公司标志性的乐高玩具系列竞争资源。从20世纪90年代后期开始，公司内部多元化失控导致的品牌稀释和失去方向，已经给我们好好地上了一课。袁威已被确定为这个新实体的首席执行官，从而为某人创造了一个空缺——担任乐高集团的首席执行官。他在几次谈话中向我解释了这一点，我越来越清楚，克里斯蒂安森家族想要的新任首席执行官是我——至少在过渡时期是这样。一般来说，他们更喜欢内部晋升的、知道"乐高方式"的人担任高管。

这无疑非常令我满意和受宠若惊。就像大约15年前我在乐高的第一次升职一样，我不想要一个包含诸如"临时"或"代理"的名头，这会传达出一种"暂时的"的信息，因为员工都会等待长期任命，从而使我的职权有限。克里斯蒂安森家族同意了我的要求。私下里，我承认这个任命是一个延长的过渡期，而董事会在此期间会继续寻求继任者，但我认为公开这个信息会削弱这个职位的权威。有人担心我的年龄，因为当时我刚满60岁。我不认为董事会的这种态度是年龄歧视，因为我曾公开讨论过在这个具有里程碑意义的生日不久之后退休的可能性。在多年的长时间工作和国际旅行中，我想念我的家人，所以我无意全职工作到快70岁。我预计我担任首席执行官可能会持续两到四年，这足以让我在进入舒适的退休生活之前发挥余热。

随着袁威升迁到一个新设立的职位，以及其他高层的变动，董事会和高管职位的安排经过了几个月的谈判，但最终，在2016年12月，董事会宣布，乐高的第一位非丹麦裔首席执行官将是我——17岁即离开学校的格雷夫森德戈登学校的英籍亚裔校友。英国和印度新闻媒体当然喜欢这个故事，我的升职吸引了业内相当数量的新闻报道。

乐高是有趣的——对于供应链人员来说也是如此

也许，我是典型的"可靠人选"——一个具有运营背景的资深内部人士。"我的"供应链团队自然也很高兴他们的"自己人"被任命为最高领导者。在营销方面，我感觉到那里的设计师们有些担忧。对许多业内人士来说，我仍然是"满腹牢骚先生"或"不行博士"。不，我从来没有打算成为坏消息的传播者，我的原则只是，当我得到坏消息时，我会说出来，并希望它们得到解决。我和业务线上的其他人一样喜欢我们的产品。当然，一旦进入角色，我不得不抛

> 当我得到坏消息时，我会说出来，并希望它们得到解决。

开对任何一个人或者一个部门的忠诚感。作为首席执行官，我对所有业务领域负责。

在我的乐高职业生涯的早期，我遇到过很多令人头疼的问题：供应链问题、数据问题、缺乏透明度、陷入困境的外包关系。我的团队内部以及团队与其他人之间的关系都很紧张。这些问题中有很多是紧急情况，它们在我早年的工作中占主导地位。解决这些问题对公司的生存极为重要，尤其是在扭亏为盈的最初几个月。在那段时间，我们确实很容易忘记乐高产品是关于乐趣的！

我爱乐高。虽然我可能多次给设计师们出难题，但我仍然很佩服他们的视觉和工程天赋。我特别佩服他们的坚韧：设计团队每年提出的众多提案中，只有少数可以被通过，最终转换成产品；但他们从不抱怨，只是回去设计来年的新事物。除了创造新的游戏体验，他们做得更多：他们创造了适合各个年龄段的孩子去探索、拓展思维的新世界，同时为世界各地的人扩展了思想和创造性的选择。

如果你不熟悉乐高的那些更令人惊叹的产品，我建议你花一点时间上网看看。你可以看到用乐高迷你人偶制作的讽刺性定格动画视频——例如，对著名足球比赛的再现，附带原声解说。英国喜剧演员艾迪·伊扎德（Eddie Izzard）曾经做过一个精彩的表演，讲述的是《星球大战》中的反派达斯·维德午休时间在死星员工食堂试图点番茄意面，却因为所有的托盘都是湿的而恼火。乐高迷你人偶的动画，配上艾迪·伊扎德的原版录音，与你能在YouTube上找到的任何视频一样有趣。我特别喜欢看达斯·维德挥舞着一块作为食堂托盘的传统的3厘米×2厘米蓝色薄乐高积木的画面。乐高积木块一眼就能被认出来，无处不在——而且它的形状并不完全像食堂托盘，这也成了笑话的一部分；如果你要用一个更逼真的东西去代替它，反而会失去笑点。动画师对于喜剧如何运作以及观众如何看待一块普通的乐高积木表现出深刻的理解；毫无疑问，观众（在撰写本文时，该视频的观看量超过2700万）喜欢这些玩笑。在这个以及许多其他例子中，乐高的用户与才华横溢的设计师一起创造新的视频、新的世界、新的想法。它不再是一个玩具，而是一个新的、富有想象力的世界的入口。

许多著名的建筑师、工程师和设计师从小就对乐高充满热情，并一直持续到成年。当然，这并不意味着乐高只是一种教育工具，一种达到目的的手段：它本身就是好玩和有趣的。

经历了危机、复苏和重新增长的这些年里，我的供应链团队自始至终都坚持了一点：除非我们可以把设计师的创意转化为高品质的产品，并且做到质量可靠和成本效益合理，否则我们不会用这些创意来丰富消费者的生活。调动整个公司参与进来的必要性基于对以下事实的反思：在从整个产品失败、粉丝失望的亏损时期到高速成长、风光无限、乐高电影大卖的岁月，我们用的是基本一样的设计师团队，不同的是领导层——领导层将整个公司视为一个生态系统，每个元素都同等重要。

这一观点得到了前营销主管马德斯·尼佩尔的赞同，在这本书的一次采访中，他将我30年来的经历描述为"最令人大开眼界的领导经历之一"。当年，马德斯被要求从德国的一个岗位回来领导乐高总部的营销部门。他回忆说："我最初的想法是，我们三年来一直在做垃圾产品，运营一塌糊涂，我们需要根本性的转变，需要更换大量的人员和设备。但当我与领导，尤其是与设计师对话时，他们其实都知道该怎么做！"

马德斯发现问题出在领导层的领导，而不是团队内部的技能水平。他补充说："我仍然记得技术团队的（一位设计师），他在一夜之间制造出了摩托车。我认为他通宵了。消防车……他们制造了它，样机在几天内就做成了。我们不需要新的战略，我的意思是，只要做你认为合适的事就够了。我还记得他们在几天内就想出了'维京人'主题，然后在几周内做出了原型。因此，该组织已经尽了全力，我认为我们不能开除任何人。"

随着业务成果和工作保障的改善，我们可以稍微享受一下，偶尔去玩玩卡丁车之类的。度过危机时期并平安上岸是一种解脱。还有一次，我们制作了一个简短的具有讽刺意味的定格动画视频——代表我们每个人的迷你人物出席一个管理会议——多个部门参与了短片的制作，整个过程欢乐无比。

每年我们都会举行一次内部会议，让公司业绩前100名左右的人述职和制订年度计划。在会议上，我们通常会为与会代表准备一份有趣的礼物。2015年，我委托策划了一本书，名为《亲爱的乐高人》(*Dear LEGO People*)，其中精选了一些孩子写给公司的信。他们是如此讨人喜欢，经常很淘气，有时很有趣，最重要的是，充满了创造力和对产品的热爱。一个男孩写信要求免费送给他一个套装，因为他替我们发现了包装上的一个错字。还有一个人问他们最不喜欢的忍者系列角色可不可以被杀掉。有一封信是写给"亲爱的乐高先生和夫人"的：一个富有创意的年轻用户，发来他们自己装扮成小黄人角色的不同角度的照片——那些有着黄色脑袋和护目镜眼睛的小人儿来自我们合作的电影授权。照片中的乐高小黄人特别宽，具有独特的特征，整齐对称；孩子好心地向我们发来建议，教我们如何制作它。许多信件的结束语都很简单："我爱乐高"，而且有几个写信人表达了他们长大后想成为乐高设计师的愿望。看到许多孩子痴迷于以故事情节为主题的玩具是很有趣的，例如，他们对忍者系列提出了尖锐的意见，在哪些角色上可以设计更多情节，或者哪些角色不用。这本书仅供内部使用，不仅乐趣无穷，而且为我们提供了有趣洞见，让我们了解到我们最小的粉丝们是如何喜欢玩耍、尝试搭建积木的。

至简成长

首席执行官的角色不仅仅是商业运营者，他还担任外交大使。尽管乐高不是丹麦最大的公司——比马士基航运公司或诺和诺德制药公司小得多——但是，它是最受认可、最受尊敬的品牌——多次被评为最受喜爱的品牌，或进入全国前五名。因此，它是国家的身份象征，而延续这个传统的责任是巨大的。首席执行官经常受邀担任丹麦政府贸易代表团的一员，随行的还有丹麦政府的部长们，并且会被邀请发表演讲。我的日程表很快就排满了。在公司内部，每个人都想要和我沟通，如果我表示我只能给他们半小时而不是两小时，有些人可能会表示恼怒。我有两个私人助理，如你所料，他们极为高效。

另一个让乐高首席执行官头疼的是盗版和其他潜在侵犯知识产权的威胁。在早期，乐高积木享有专利，而且复制它在技术上具有挑战性。到了我当首席执行官的时候，专利早在很久以前——1989年左右——就过期了。然而，我们当时在中国的诉讼取得了一项重大成功。以前假冒乐高产品的或我们认为是抄袭而不是生产原创产品的竞争对手，一般生产的产品质量较差，但当中国的一些模仿者开始生产更高质量的积木块时，我们才真正感觉到威胁。在随后的法律斗争中，我们在中国法院取得了成功，迫使两家生产仿制品玩具积木的公司停止生产。这一裁决于2017年12月16日做出。[16]

尽管作为首席执行官有很大的压力，尤其在时间方面，但我还是把它当成一个机会，而不是一个负担。失业和贫穷的压力更大，因此我们不应该对担任高级职位有抱怨。对我而言，有一个明确的意愿和机会，可以在我们耕耘多年的平台上，在以往成就的基础上再接再厉，促进未来的创新。鉴于我的任期较短，重点必须放在确保纪律和透明度上——把基本功做扎实。

尽管公司十年来已经成功并不断发展壮大，但黄色信号一直在警示前方潜在的麻烦。2016年的增长速度首次低于上一年。多年来，成本的增长速度超过了销售和利润的增长速度，尤其是员工人数急剧增加。决策速度正在放缓，管理结构变得更复杂。例如，我们建立了一个批准投资的机制，但它变得如此费力，以至于根本没法做出有效决策。然而在人们等待决策的时候，招聘工作仍在进行，随之而来的是管理层级趋于复杂。我的观点是首席执行官与在生产线上工作的蓝领工人之间不应该超过6个层级。但当我关注到这一情况时，已经发展到了8级甚至9级。

当一家企业在很长一段时间内蓬勃发展时，出现这些问题几乎不可避免。波士顿咨询公司顾问伊夫·莫里欧用"第二台电视"来比喻伴随繁荣而来的问题。它指的是在没有录像机、只有一台电视的时候，家庭中必须互相讨论和辩论看哪个频道。随着家庭越来越富裕，电视越来越普遍，每个人都拥有了自己的卧室和电视，这很方便，但也就意味着家庭内部的讨论和沟通变少了。换到公司的背景下，"第二台电视"——我们从伊夫那里学来，后来常用在乐高管理层沟通中的一个说法——被我们用来自省是否没有进行足够的辩论和自我审查，以至于造成支出增加，以及随之而来的纪律松弛。

好莱坞时代到来，品牌飞向平流层

成功往往孕育成功。乐高品牌的知名度如此之高，以至于在21世纪第二个10年吸引了好莱坞前来合作。传奇的电影公司华纳兄弟想要制作一部乐高电影，克里斯蒂安森家族同意了，华纳聘请了最好的编剧、演员和特效人才。于2014年上映的《乐高大电影》受到评论家和克里斯蒂安森家族的一致好评。这是一部精彩的动作片，主角是一个乐高的蝙蝠侠迷你人偶，真的很有趣，而且配音演员都是一线明星，其中包括摩根·弗里曼、伊丽莎白·班克斯、威尔·法瑞尔和连姆·尼森。这部电影如此受欢迎，以至于出了续集。早些时候乐高与《星球大战》和《哈利·波特》的特许经营协议仍然有效。此外，还在2011年推出了一部以《乐高幻影忍者》电视剧和武术为主题的乐高玩具电影。电影评论界对这部电影的评价没有那么高，但它仍然保持了乐高品牌在公众中的热度。销售本就很强劲的乐高玩具销量再次猛增。对我们供应链部门来说，这绝对是疯狂的。

下面的数据可以说明我们的增长究竟是什么级别的：首先我们在墨西哥的制造工厂有50台机器正在运行。很快，这变成了120台，然后在18个月内，变成了768台机器。即使有了这样的产能增长，我们也无法一直满足需求，规模是我们面临的最大挑战。公司一直在招人，确保招聘到合适的人成为高优先级的任务。2005—2008年，我们从我们的制造外包合作伙伴伟创力那里学到了一些有用的技巧，关于如何采用大规模招聘策略，包括招聘临时工，以帮助扩大规模。尽管世界变得越来越网络化和数字化，但人们仍然渴望体验具有创造力和可触摸的游戏。

"持续妄想症"（constant paranoia）一词在管理圈子有时会被赞美，包括我在乐高的时候也是如此。这可能在防止自满方面会有所帮助，但我们发现在谨慎和过度自信之间找到最佳平衡点说起来容易做起来难。我们那几年的投资决策最终被证明是过于保守了，但这是事后才知道的。在21世纪第二个10年的需求激增中，乐高玩具的年增长率为15%~25%。我们会告诉自己："这是不可重复的，明年不会这样。"但后来仍然是这样的高增长。成功是暂时的，但很难判断一个趋势是否会持续6个月或6年。

英国品牌评估咨询公司品牌金融（Brand Finance）的首席执行官戴维·海格（David Haigh）曾经在英国杂志《金融月刊》（Finance Monthly）上描述了乐高被评为"2017年最具影响力品牌"的原因。他写道："这家公司（乐高）显然一直在努力重建和保持其品牌力量。这可以通过超保守的方式来实现……然而，这也可能使其错失可靠的品牌延伸、产生巨大回报的机会。相比之下，乐高在研究方面投入巨资，对支撑品牌实力的因素有彻底的了解，因此在保存品牌力的前提下创造了巨大商机。"[17]

然而，成功从来都不是永久的，也不是完整的。人类是不安分的存在。说"人们讨厌改变"是个严重的错误，我们很容易感到无聊并且不断地渴望新的刺激。成功的问题之一是随之而来的自满和傲慢，而另一个问题是成功会变得有点无聊，让人心烦意乱，促使高管寻求新举措。在稳定、成功的时期，如果有新高管上任，他们通常想要一个与他们相关的大项目：能给他们一种情感上的归属感。所以，开始出现一种诱惑，不是为公司做正确的事，而是想做一些事情使自己获得声誉。

董事会可以看到我的能力非常适合应对这些必要的修正。说"不"的能力、强调透明度、简化管理结构、避免浪费是我的强项，任命我就像公司开始节食并早起锻炼。与董事会一起，我们决定采取一项名为"至简成长"的举措。我最早的决定之一是解散22人的大型领导团队。这个领导团队在理论上是合理的，但在实践中，它对我们必须做出的许多决定来说太冗杂了。另一项举措是削减经济增长期间出现的一些过度支出。

在公司成长期，我希望发扬光大的一项纪律是："不要在今天上线明天会被削减成本的项目。"有时这意味着拒绝某些部门，包括人力资源部门的提议。人力资源部门倾向于支持自由

> 不要在今天上线明天会被削减成本的项目。

地招聘新员工，而我试图鼓励人力资源部门增加一项质疑职能，即当它说它需要设立一个职位时，应进行严格的商业分析。我发现，这种要求对人力资源专业人士来说是一种挑战，虽然我觉得我在这方面取得了一些进展。我在 2014 年担任首席运营官时，已经接手了人力资源部门的工作，并引入了一些类似于视觉工厂的新工作方法。随着高增长的持续，出现的问题是，我们必须一直努力招聘足够数量和质量的新员工，所以我为人力资源部门引入了一些当年我们为供应链引入的专业、方法和纪律。这意味着，在识别人才、填补岗位、匹配供需等各个方面，我们都要更加专注和清晰地做我们需要做的事情。我们曾经在扩大规模、雇用足够的人才填补职位空缺方面存在问题，但在引入视觉工厂后的几个月内，我们开始能够满足需求。随后需要的就是更加严格的规定，以确保每次雇用决策的正当性。

与我们在运营中取得的成就一样，通过"至简成长"举措，我们在企业内部做到了简洁的连续性。视觉工厂会议模式是一种简单明了但激进的创新，改变了企业文化，进而改善了绩效、透明度和问责制。我能感觉到，我担任首席执行官期间最宝贵的贡献就是加强和扩展了它们。

维护文化

虽然关注任务和问责制永远是必要的，但我们也总是需要平衡执行中的"做什么"和"如何做"。也就是说，要确保人们总是受到有尊严和尊重的对待。以任务为中心的文化实现了目标，满足了客户需求，改善了财务状况，但如果人们觉得它是不可持续的，那也只能理所当然地把它抛弃。因此，在监控业绩，包括年度审查的同时，我们也力求保持平衡。

在我在乐高的整个职业生涯中，我学会了成为一个更好的倾听者。我发现，即使我觉得有充分的理由和证据支持我的想法，仔细倾听另一种观点往往也是值得的。那曾经是个对我来说很难适应的过程，因为当我于2002年开始在乐高的职业生涯时，乐高正处于危机之中。我的许多同事否认危机的规模，但公司危在旦夕，我没有太多时间倾听。随着增长的恢复，我改变了我的风格，变得更加善于倾听、指导和协作。结果不止一个人认为我前后不一致！对此，我不得不回答，正如巨蟒组（Monty Python）[1]的电影《布赖恩的一生》中布赖恩对他施舍的乞丐所说的那样："有些人真是难以取悦啊！"

---

[1] 英国六人喜剧团体，被称为"喜剧界的披头士"。——编者注

在 2003—2004 年整个的危机期间以及接下来的 10 年，我们在乐高运营方面的雄心壮志，是使运营成为乐高竞争优势的源泉，我们围绕"乐高作为一种游戏系统"的概念重建公司，从根本上增加通用组件的比例，提高供应链的有效性和供需匹配的有效性。这种方法可以支持并培育创新和持续增长，满足我们对持续开发有趣产品的需求。模块化建筑系统已经被普遍认可并流行开来，被广泛用于制造令人兴奋的新潮产品的基础部件，每个玩具都需要高比例的通用组件，在取悦消费者的同时，保持低成本、高利润。在这个游戏系统中，还可以纳入数字组件，增加令人兴奋的新功能。这是一个数字化和积木块"兼而有之"的方法，而不是"非此即彼"。

　　我们成功了。我们完全成功了，而且成功持续的时间远远超出我们的预期。运营部门对乐高扭亏为盈和随后 10 年增长的核心战略贡献，被袁威在他担任首席执行官期间完全认可。我将我的升职视为这种认可的证明。因此，我试图利用我的新角色来巩固我们的成功。

总结

在利润率和增长强劲的时期，首席执行官这一角色会面临一些令人惊讶的挑战。对你认为不明智或不必要的项目说"不"越来越难，因为你不能再用"我们负担不起"之类的借口。对某人说"不"也常常让人觉得不舒服，尤其是当这意味着打击他们的热情时。然而，只有这样做才能创造机会，也为领导团队认为的更有价值的重要项目释放资源。这样的判断永远不会是一门精确的科学，但商业领袖必须做出这些决定，而有些决定注定比其他的更有影响力。乐高挺过了危机时代，迎来了转机和成功，这些都表明我们这些监督过渡期的决策者做出的正确决定多于错误决定，而且我们的努力确保了战略得到落实。

本章的主要原则

- 了解人才的部署很重要：在公司亏损和困难时期雇用的设计和运营团队可能会对公司有长期的贡献，并在更好的领导下取得成功。

- 在公司成长期，高级管理人员可能会随着复杂性增加而沉迷于冒险，或被不必要的投资机会诱惑。

- 如果需求快速增加，迅速扩大规模是一个巨大的挑战。

- 对一个项目说"不"是困难的，但为了继续关注实际增长的潜力，这通常是必要的。

- 公司在增长期时，需要的是与转型期和复兴期相比不同的管理风格。

如何实践上述原则

- 不要在今天上线明天会被削减成本的项目。请记住，浪费对企业总是有害的。

- 一个领导者应该向前看：如果一个企业有盈利，但利润正在减少，浪费正在蔓延，那么与其坐等危机来袭，不如阻止问题发生。

- 当你摆脱危机、进入增长阶段时，更多地倾听，并且将领导风格从指导型转向辅导型也很重要。
- 扩大规模时，必须有一个专注于业务的人力资源部门，这样才能确保合适的人被雇用，从而迅速保持增长。

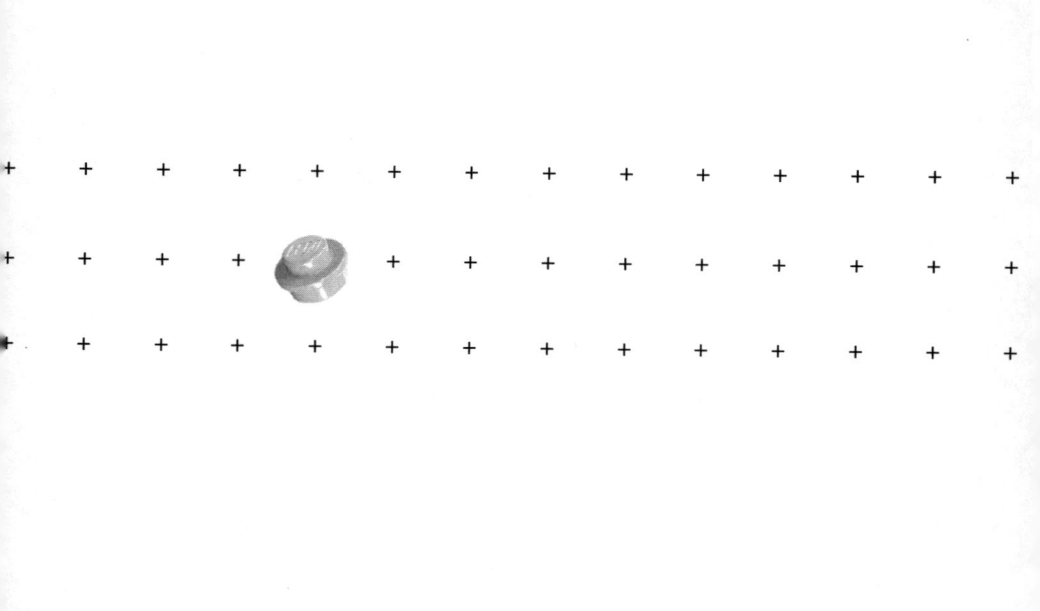

致谢 ACKNOWLEDGEMENTS

感谢菲利普·威特利鼓励我讲述这个故事，并在写作、编辑和措辞方面对我提供莫大的帮助。

在我的职业生涯中，我有幸遇到了很多导师和教练。我想特别感谢基思·奥利弗（Booz Allen 公司）、伊夫·莫里欧（BCG）、伊恩·麦库宾（葛兰素史克）、戴维·史密斯（威康基金会）和袁威（乐高）。

我想对那些从繁忙的日程中抽出时间来帮助我写作本书的人表示深深的感谢——马德斯·尼佩尔、尼尔斯·杜达尔、保罗·费拉利奥、托尼·法德尔、朱尔斯·戈尔达、伊夫·莫里欧。

此外，感谢我有幸在早年与之共事的许多同事，仅举几人——希瑟·曼彻斯特、罗杰·沃格特、斯基普·柯达、卡斯滕·拉斯穆森、迈克尔·克勒特、克劳斯·佩斯特鲁普、约翰·汉森、奥勒·瑟尔森和整个模具工程团队的同事——世界上最好的工程师！珍妮特·克罗斯、莫腾·佩德森、托马斯·尼尔森、亚历克·高恩、西蒙·里斯·汉森、罗恩·安徒生、杰斯帕·米克莱森——最好的金融和营销合作伙伴；以及海伦·哈特维格·尼尔森，他在我艰难的日子里给了我最好的专业支持。

注释 NOTES

1. Huang et al., 'How Customer Service Can Turn Angry Customers into Loyal Ones', *Harvard Business Review*, January 2018 https://hbr.org/2018/01/how-customer-service-can-turn-angry-customers-into-loyal-ones.
2. 'What happens to investors when a P2P firm collapses?', *Altfi online journal*, 2nd March, 2018 https://www.altfi.com/article/4128_tales_of_failed_peer_to_peer_lenders.
3. 戴明原则的简要总结可在如下链接找到：https://deming.org/explore/fourteen-points/ However, as this post explains, it is necessary to read a Deming textbook to have a full understanding of the approach. The 14 Deming principles, 'a system of profound knowledge' were first articulated in the title *Out of the Crisis* (MIT Press 1982, reissued 2018). *The New Economics* (MIT Press) was published in 1993.
4. 'The High Cost of Poor Succession Planning: A better way to find your next CEO', Claudio Fernández-Aráoz, Gregory Nagel and Carrie Green, *Harvard Business Review*, pp. 98–107, May–June 2021.
5. 'Jeff Immelt shares out blame for GE's decline', *Financial Times*, Andrew Edgecliffe Johnson and Sujeet Indap, 26th February, 2021 https://www.ft.com/

content/ a64c4356-a42e-4883-acdb-13ced2bdcaea.

6. 'Why good strategies fail: Lessons for the C-Suite', Economist Intelligence Unit, July 2013 https://perspectives.eiu.com/strategy-leadership/why-good-strategies-fail.

7. 'Education: Historical statistics', House of Commons, 27th November, 2012, file:///C:/Users/DELL/Downloads/SN04252.pdf.

8. Kenyon-Rouvinez,D., 'Secrets of success in long-lasting family firms', IMD, June 2017 https://www1.imd.org/research-knowledge/articles/secrets-of-success-in-long-lasting-family-firms/ *See also Osnes*, G. (ed) *Family Capitalism: Best practices in ownership and leadership*, Routledge 2016.

9. The LEGO Case Study 2014 by John Ashcroft and Company.

10. 行业研究机构IBIS World于2013年发布了一个关于20世纪90年代和21世纪初美国玩具行业零售趋势的总结：https://www.ibisworld.com/industry-insider/ industry-insights/hobby-toy-stores-the-game-has-changed/.

11. 'Interest in Puzzles Soars, Along With Sales', *AARP*, 18th May, 2020, https://www.aarp.org/home-family/friends-family/info-2020/puzzles-sales-soar.html *See also* 'Vinyl Record Sales Top Compact Discs for First Time in 34 Years', Bloomberg, 10th September, 2020 https://www.bloomberg.com/news/articles/2020-09-10/vinyl-record-sales-top-compact-discs-for-first-time-in-34-years.

12. 'How Amazon Survived the Dot-Com Crash to Rule the Cloud', eWEEK, 27th December, 2013 https://www.eweek.com/cloud/eweek-at-30-how-amazon-survived-the-dot-com-crash-to-rule-the-cloud.

13. Weeks,M., Freeny-David F., 'Outsourcing: From Cost Management to Innovation and Business Value', *California Management Review*, 1st July, 2008 https://journals.sagepub.com/doi/abs/10.2307/41166459?jour nalCode=cmra.

14. Sanders,N. R. and Wood,J. D., 'The Secret to AI is People', *Harvard Business Review*, 24th August, 2020, https://hbr.org/2020/08/the-secret-to-ai-is-people.

15. Yves Morieux. 'As work gets more complex: six rules to simplify', TED Talk, uploaded 23rd January, 2014 https://www.youtube.com/watch?v=0MD4Ymjyc2I&t=99s.
16. 'Lego wins its first Chinese legal case against imitators', *CBS News*, 7th December, 2017 https://www.cbsnews.com/news/lego-wins-its-first-chinese-legal-case-against-imitators/.
17. 'Why is LEGO the most powerful brand in the world?' *Finance Monthly*, 8th February, 2017 https://www.finance-monthly.com/2017/02/why-is-lego-the-most-powerful-brand-in-the-world/.